ITALIAANS
WOORDENSCHAT

THEMATISCHE WOORDENLIJST

NEDERLANDS ITALIAANS

De meest bruikbare woorden
Om uw woordenschat uit te breiden en
uw taalvaardigheid aan te scherpen

5000 woorden

Thematische woordenschat Nederlands-Italiaans - 5000 woorden
Door Andrey Taranov

Woordenlijsten van T&P Books zijn bedoeld om u woorden van een vreemde taal te helpen leren, onthouden, en bestudering. Dit woordenboek is ingedeeld in thema's en behandelt alle belangrijk terreinen van het dagelijkse leven, bedrijven, wetenschap, cultuur, etc.

Het proces van het leren van woorden met behulp van de op thema's gebaseerde aanpak van T&P Books biedt u de volgende voordelen:

- Correct gegroepeerde informatie is bepalend voor succes bij opeenvolgende stadia van het leren van woorden
- De beschikbaarheid van woorden die van dezelfde stam zijn maakt het mogelijk om woordgroepen te onthouden (in plaats van losse woorden)
- Kleine groepen van woorden faciliteren het proces van het aanmaken van associatieve verbindingen, die nodig zijn bij het consolideren van de woordenschat
- Het niveau van talenkennis kan worden ingeschat door het aantal geleerde woorden

Copyright © 2018 T&P Books Publishing

Alle rechten voorbehouden. Niets uit deze uitgave mag worden verveelvoudigd, opgeslagen in een geautomatiseerd gegevensbestand en/of openbaar gemaakt in enige vorm of op enige wijze, hetzij elektronisch, mechanisch, door fotokopieën, opnamen of op enige andere manier zonder voorafgaande schriftelijke toestemming van de uitgever. U mag dit boek niet verspreiden in welk formaat dan ook.

T&P Books Publishing
www.tpbooks.com

ISBN: 978-1-78492-344-0

Dit boek is ook beschikbaar in e-boek formaat.
Gelieve www.tpbooks.com te bezoeken of de belangrijkste online boekwinkels.

ITALIAANSE WOORDENSCHAT
nieuwe woorden leren

T&P Books woordenlijsten zijn bedoeld om u te helpen vreemde woorden te leren, te onthouden, en te bestuderen. De woordenschat bevat meer dan 5000 veel gebruikte woorden die thematisch geordend zijn.

- De woordenlijst bevat de meest gebruikte woorden
- Aanbevolen als aanvulling bij welke taalcursus dan ook
- Voldoet aan de behoeften van de beginnende en gevorderde student in vreemde talen
- Geschikt voor dagelijks gebruik, bestudering en zelftestactiviteiten
- Maakt het mogelijk om uw woordenschat te evalueren

Bijzondere kenmerken van de woordenschat

- De woorden zijn gerangschikt naar hun betekenis, niet volgens alfabet
- De woorden worden weergegeven in drie kolommen om bestudering en zelftesten te vergemakkelijken
- Woorden in groepen worden verdeeld in kleine blokken om het leerproces te vergemakkelijken
- De woordenschat biedt een handige en eenvoudige beschrijving van elk buitenlands woord

De woordenschat bevat 155 onderwerpen zoals:

Basisconcepten, getallen, kleuren, maanden, seizoenen, meeteenheden, kleding en accessoires, eten & voeding, restaurant, familieleden, verwanten, karakter, gevoelens, emoties, ziekten, stad, dorp, bezienswaardigheden, winkelen, geld, huis, thuis, kantoor, werken op kantoor, import & export, marketing, werk zoeken, sport, onderwijs, computer, internet, gereedschap, natuur, landen, nationaliteiten en meer ...

INHOUDSOPGAVE

Uitspraakgids	9
Afkortingen	10

BASISBEGRIPPEN	12
Basisbegrippen Deel 1	12

1.	Voornaamwoorden	12
2.	Begroetingen. Begroetingen. Afscheid	12
3.	Hoe aan te spreken	13
4.	Kardinale getallen. Deel 1	13
5.	Kardinale getallen. Deel 2	14
6.	Ordinale getallen	15
7.	Getallen. Breuken	15
8.	Getallen. Eenvoudige berekeningen	15
9.	Getallen. Diversen	15
10.	De belangrijkste werkwoorden. Deel 1	16
11.	De belangrijkste werkwoorden. Deel 2	17
12.	De belangrijkste werkwoorden. Deel 3	18
13.	De belangrijkste werkwoorden. Deel 4	19
14.	Kleuren	20
15.	Vragen	20
16.	Voorzetsels	21
17.	Functiewoorden. Bijwoorden. Deel 1	21
18.	Functiewoorden. Bijwoorden. Deel 2	23

Basisbegrippen Deel 2	25

19.	Dagen van de week	25
20.	Uren. Dag en nacht	25
21.	Maanden. Seizoenen	26
22.	Meeteenheden	28
23.	Containers	29

MENS	30
Mens. Het lichaam	30

24.	Hoofd	30
25.	Menselijk lichaam	31

Kleding en accessoires	32

26.	Bovenkleding. Jassen	32
27.	Heren & dames kleding	32

28. Kleding. Ondergoed	33
29. Hoofddeksels	33
30. Schoeisel	33
31. Persoonlijke accessoires	34
32. Kleding. Diversen	34
33. Persoonlijke verzorging. Schoonheidsmiddelen	35
34. Horloges. Klokken	36

Voedsel. Voeding 37

35. Voedsel	37
36. Drankjes	38
37. Groenten	39
38. Vruchten. Noten	40
39. Brood. Snoep	41
40. Bereide gerechten	41
41. Kruiden	42
42. Maaltijden	43
43. Tafelschikking	44
44. Restaurant	44

Familie, verwanten en vrienden 45

45. Persoonlijke informatie. Formulieren	45
46. Familieleden. Verwanten	45

Geneeskunde 47

47. Ziekten	47
48. Symptomen. Behandelingen. Deel 1	48
49. Symptomen. Behandelingen. Deel 2	49
50. Symptomen. Behandelingen. Deel 3	50
51. Artsen	51
52. Geneeskunde. Medicijnen. Accessoires	51

HET MENSELIJKE LEEFGEBIED 53
Stad 53

53. Stad. Het leven in de stad	53
54. Stedelijke instellingen	54
55. Borden	55
56. Stedelijk vervoer	56
57. Bezienswaardigheden	57
58. Winkelen	58
59. Geld	59
60. Post. Postkantoor	60

Woning. Huis. Thuis 61

61. Huis. Elektriciteit	61

62. Villa. Herenhuis	61
63. Appartement	61
64. Meubels. Interieur	62
65. Beddengoed	63
66. Keuken	63
67. Badkamer	64
68. Huishoudelijke apparaten	65

MENSELIJKE ACTIVITEITEN 66
Baan. Business. Deel 1 66

69. Kantoor. Op kantoor werken	66
70. Bedrijfsprocessen. Deel 1	67
71. Bedrijfsprocessen. Deel 2	68
72. Productie. Werken	69
73. Contract. Overeenstemming	70
74. Import & Export	71
75. Financiën	71
76. Marketing	72
77. Reclame	73
78. Bankieren	73
79. Telefoon. Telefoongesprek	74
80. Mobiele telefoon	75
81. Schrijfbehoeften	75
82. Soorten bedrijven	75

Baan. Business. Deel 2 78

83. Show. Tentoonstelling	78
84. Wetenschap. Onderzoek. Wetenschappers	79

Beroepen en ambachten 81

85. Zoeken naar werk. Ontslag	81
86. Zakenmensen	81
87. Dienstverlenende beroepen	82
88. Militaire beroepen en rangen	83
89. Ambtenaren. Priesters	84
90. Agrarische beroepen	84
91. Kunst beroepen	85
92. Verschillende beroepen	85
93. Beroepen. Sociale status	87

Onderwijs 88

94. School	88
95. Hogeschool. Universiteit	89
96. Wetenschappen. Disciplines	90
97. Schrift. Spelling	90
98. Vreemde talen	91

Rusten. Entertainment. Reizen 93

99. Trip. Reizen 93
100. Hotel 93

TECHNISCHE APPARATUUR. VERVOER 95
Technische apparatuur 95

101. Computer 95
102. Internet. E-mail 96
103. Elektriciteit 97
104. Gereedschappen 97

Vervoer 100

105. Vliegtuig 100
106. Trein 101
107. Schip 102
108. Vliegveld 103

Gebeurtenissen in het leven 105

109. Vakanties. Evenement 105
110. Begrafenissen. Begrafenis 106
111. Oorlog. Soldaten 106
112. Oorlog. Militaire acties. Deel 1 107
113. Oorlog. Militaire acties. Deel 2 109
114. Wapens 110
115. Oude mensen 112
116. Middeleeuwen 113
117. Leider. Baas. Autoriteiten 114
118. De wet overtreden. Criminelen. Deel 1 115
119. De wet overtreden. Criminelen. Deel 2 116
120. Politie. Wet. Deel 1 117
121. Politie. Wet. Deel 2 118

NATUUR 120
De Aarde. Deel 1 120

122. De kosmische ruimte 120
123. De Aarde 121
124. Windrichtingen 122
125. Zee. Oceaan 122
126. Namen van zeeën en oceanen 123
127. Bergen 124
128. Bergen namen 125
129. Rivieren 125
130. Namen van rivieren 126
131. Bos 126
132. Natuurlijke hulpbronnen 127

De Aarde. Deel 2	129
133. Weer	129
134. Zwaar weer. Natuurrampen	130

Fauna	131
135. Zoogdieren. Roofdieren	131
136. Wilde dieren	131
137. Huisdieren	132
138. Vogels	133
139. Vis. Zeedieren	135
140. Amfibieën. Reptielen	135
141. Insecten	136

Flora	137
142. Bomen	137
143. Heesters	137
144. Vruchten. Bessen	138
145. Bloemen. Planten	139
146. Granen, graankorrels	140

LANDEN. NATIONALITEITEN	141
147. West-Europa	141
148. Centraal- en Oost-Europa	141
149. Voormalige USSR landen	142
150. Azië	142
151. Noord-Amerika	143
152. Midden- en Zuid-Amerika	143
153. Afrika	144
154. Australië. Oceanië	144
155. Steden	144

UITSPRAAKGIDS

T&P fonetisch alfabet	Italiaans voorbeeld	Nederlands voorbeeld
[a]	casco ['kasko]	acht
[e]	sfera ['sfera]	delen, spreken
[i]	filo ['filo]	bidden, tint
[o]	dolce ['doltʃe]	overeenkomst
[u]	siluro [si'luro]	hoed, doe
[y]	würstel ['vyrstel]	fuut, uur
[b]	busta ['busta]	hebben
[d]	andare [an'dare]	Dank u, honderd
[dz]	zinco ['dzinko]	zeldzaam
[dʒ]	Norvegia [nor'vedʒa]	jeans, jungle
[ʒ]	garage [ga'raʒ]	journalist, rouge
[f]	ferrovia [ferro'via]	feestdag, informeren
[g]	ago ['ago]	goal, tango
[k]	cocktail ['koktejl]	kennen, kleur
[j]	piazza ['pjattsa]	New York, januari
[l]	olive [o'live]	delen, luchter
[ʎ]	figlio ['fiʎʎo]	biljet, morille
[m]	mosaico [mo'zaiko]	morgen, etmaal
[n]	treno ['treno]	nemen, zonder
[ŋ]	granchio ['graŋkio]	optelling, jongeman
[ɲ]	magnete [ma'ɲete]	cognac, nieuw
[p]	pallone [pal'lone]	parallel, koper
[r]	futuro [fu'turo]	roepen, breken
[s]	triste ['triste]	spreken, kosten
[ʃ]	piscina [pi'ʃina]	shampoo, machine
[t]	estintore [estin'tore]	tomaat, taart
[ts]	spezie ['spetsie]	niets, plaats
[tʃ]	lancia ['lantʃa]	Tsjechië, cello
[v]	volo ['volo]	beloven, schrijven
[w]	whisky ['wiski]	twee, willen
[z]	deserto [de'zerto]	zeven, zesde

AFKORTINGEN
gebruikt in de woordenschat

Nederlandse afkortingen

abn	- als bijvoeglijk naamwoord
bijv.	- bijvoorbeeld
bn	- bijvoeglijk naamwoord
bw	- bijwoord
enk.	- enkelvoud
enz.	- enzovoort
form.	- formele taal
inform.	- informele taal
mann.	- mannelijk
mil.	- militair
mv.	- meervoud
on.ww.	- onovergankelijk werkwoord
ontelb.	- ontelbaar
ov.	- over
ov.ww.	- overgankelijk werkwoord
telb.	- telbaar
vn	- voornaamwoord
vrouw.	- vrouwelijk
vw	- voegwoord
vz	- voorzetsel
wisk.	- wiskunde
ww	- werkwoord

Nederlandse artikelen

de	- gemeenschappelijk geslacht
de/het	- gemeenschappelijk geslacht, onzijdig
het	- onzijdig

Italiaanse afkortingen

agg	- bijvoeglijk naamwoord
f	- vrouwelijk zelfstandig naamwoord
f pl	- vrouwelijk meervoud
m	- mannelijk zelfstandig naamwoord
m pl	- mannelijk meervoud

m, f	-	mannelijk, vrouwelijk
pl	-	meervoud
v aus	-	hulp werkwoord
vi	-	onovergankelijk werkwoord
vi, vt	-	onovergankelijk, overgankelijk werkwoord
vr	-	reflexief werkwoord
vt	-	overgankelijk werkwoord

BASISBEGRIPPEN

Basisbegrippen Deel 1

1. Voornaamwoorden

ik	io	['io]
jij, je	tu	['tu]
hij	lui	['luj]
zij, ze	lei	['lej]
wij, we	noi	['noj]
jullie	voi	['voi]
zij, ze	loro, essi	['loro], ['essi]

2. Begroetingen. Begroetingen. Afscheid

Hallo! Dag!	Buongiorno!	[buon'dʒorno]
Hallo!	Salve!	['salve]
Goedemorgen!	Buongiorno!	[buon'dʒorno]
Goedemiddag!	Buon pomeriggio!	[bu'on pome'ridʒo]
Goedenavond!	Buonasera!	[buona'sera]
gedag zeggen (groeten)	salutare (vt)	[salu'tare]
Hoi!	Ciao! Salve!	['tʃao], ['salve]
groeten (het)	saluto (m)	[sa'luto]
verwelkomen (ww)	salutare (vt)	[salu'tare]
Hoe gaat het?	Come va?	['kome 'va]
Is er nog nieuws?	Che c'è di nuovo?	[ke tʃe di nu'ovo]
Dag! Tot ziens!	Arrivederci!	[arrive'dertʃi]
Tot snel! Tot ziens!	A presto!	[a 'presto]
Vaarwel!	Addio!	[ad'dio]
afscheid nemen (ww)	congedarsi (vr)	[kondʒe'darsi]
Tot kijk!	Ciao!	['tʃao]
Dank u!	Grazie!	['gratsie]
Dank u wel!	Grazie mille!	['gratsie 'mille]
Graag gedaan	Prego	['prego]
Geen dank!	Non c'è di che!	[non tʃe di 'ke]
Geen moeite.	Di niente	[di 'njente]
Excuseer me, ... (inform.)	Scusa!	['skuza]
Excuseer me, ... (form.)	Scusi!	['skuzi]
excuseren (verontschuldigen)	scusare (vt)	[sku'zare]
zich verontschuldigen	scusarsi (vr)	[sku'zarsi]

Mijn excuses.	Chiedo scusa	['kjedo 'skuza]
Het spijt me!	Mi perdoni!	[mi per'doni]
vergeven (ww)	perdonare (vt)	[perdo'nare]
Maakt niet uit!	Non fa niente	[non fa 'njente]
alsjeblieft	per favore	[per fa'vore]
Vergeet het niet!	Non dimentichi!	[non di'mentiki]
Natuurlijk!	Certamente!	[tʃerta'mente]
Natuurlijk niet!	Certamente no!	[tʃerta'mente no]
Akkoord!	D'accordo!	[dak'kordo]
Zo is het genoeg!	Basta!	['basta]

3. Hoe aan te spreken

meneer	signore	[si'ɲore]
mevrouw	signora	[si'ɲora]
juffrouw	signorina	[siɲo'rina]
jongeman	signore	[si'ɲore]
jongen	ragazzo	[ra'gattso]
meisje	ragazza	[ra'gattsa]

4. Kardinale getallen. Deel 1

nul	zero (m)	['dzero]
een	uno	['uno]
twee	due	['due]
drie	tre	['tre]
vier	quattro	['kwattro]
vijf	cinque	['tʃinkwe]
zes	sei	['sej]
zeven	sette	['sette]
acht	otto	['otto]
negen	nove	['nove]
tien	dieci	['djetʃi]
elf	undici	['unditʃi]
twaalf	dodici	['doditʃi]
dertien	tredici	['treditʃi]
veertien	quattordici	[kwat'torditʃi]
vijftien	quindici	['kwinditʃi]
zestien	sedici	['seditʃi]
zeventien	diciassette	[ditʃas'sette]
achttien	diciotto	[di'tʃotto]
negentien	diciannove	[ditʃan'nove]
twintig	venti	['venti]
eenentwintig	ventuno	[ven'tuno]
tweeëntwintig	ventidue	['venti 'due]
drieëntwintig	ventitre	['venti 'tre]
dertig	trenta	['trenta]

eenendertig	trentuno	[tren'tuno]
tweeëndertig	trentadue	[trenta 'due]
drieëndertig	trentatre	[trenta 'tre]
veertig	quaranta	[kwa'ranta]
eenenveertig	quarantuno	[kwa'rant'uno]
tweeënveertig	quarantadue	[kwa'ranta 'due]
drieënveertig	quarantatre	[kwa'ranta 'tre]
vijftig	cinquanta	[tʃin'kwanta]
eenenvijftig	cinquantuno	[tʃin'kwant'uno]
tweeënvijftig	cinquantadue	[tʃin'kwanta 'due]
drieënvijftig	cinquantatre	[tʃin'kwanta 'tre]
zestig	sessanta	[ses'santa]
eenenzestig	sessantuno	[sessan'tuno]
tweeënzestig	sessantadue	[ses'santa 'due]
drieënzestig	sessantatre	[ses'santa 'tre]
zeventig	settanta	[set'tanta]
eenenzeventig	settantuno	[settan'tuno]
tweeënzeventig	settantadue	[set'tanta 'due]
drieënzeventig	settantatre	[set'tanta 'tre]
tachtig	ottanta	[ot'tanta]
eenentachtig	ottantuno	[ottan'tuno]
tweeëntachtig	ottantadue	[ot'tanta 'due]
drieëntachtig	ottantatre	[ot'tanta 'tre]
negentig	novanta	[no'vanta]
eenennegentig	novantuno	[novan'tuno]
tweeënnegentig	novantadue	[no'vanta 'due]
drieënnegentig	novantatre	[no'vanta 'tre]

5. Kardinale getallen. Deel 2

honderd	cento	['tʃento]
tweehonderd	duecento	[due'tʃento]
driehonderd	trecento	[tre'tʃento]
vierhonderd	quattrocento	[kwattro'tʃento]
vijfhonderd	cinquecento	[tʃinkwe'tʃento]
zeshonderd	seicento	[sej'tʃento]
zevenhonderd	settecento	[sette'tʃento]
achthonderd	ottocento	[otto'tʃento]
negenhonderd	novecento	[nove'tʃento]
duizend	mille	['mille]
tweeduizend	duemila	[due'mila]
drieduizend	tremila	[tre'mila]
tienduizend	diecimila	['djetʃi 'mila]
honderdduizend	centomila	[tʃento'mila]
miljoen (het)	milione (m)	[mi'ljone]
miljard (het)	miliardo (m)	[mi'ljardo]

6. Ordinale getallen

eerste (bn)	primo	['primo]
tweede (bn)	secondo	[se'kondo]
derde (bn)	terzo	['tertso]
vierde (bn)	quarto	['kwarto]
vijfde (bn)	quinto	['kwinto]
zesde (bn)	sesto	['sesto]
zevende (bn)	settimo	['settimo]
achtste (bn)	ottavo	[ot'tavo]
negende (bn)	nono	['nono]
tiende (bn)	decimo	['detʃimo]

7. Getallen. Breuken

breukgetal (het)	frazione (f)	[fra'tsjone]
half	un mezzo	[un 'meddzo]
een derde	un terzo	[un 'tertso]
kwart	un quarto	[un 'kwarto]
een achtste	un ottavo	[un ot'tavo]
een tiende	un decimo	[un 'detʃimo]
twee derde	due terzi	['due 'tertsi]
driekwart	tre quarti	[tre 'kwarti]

8. Getallen. Eenvoudige berekeningen

aftrekking (de)	sottrazione (f)	[sottra'tsjone]
aftrekken (ww)	sottrarre (vt)	[sot'trarre]
deling (de)	divisione (f)	[divi'zjone]
delen (ww)	dividere (vt)	[di'videre]
optelling (de)	addizione (f)	[addi'tsjone]
erbij optellen	addizionare (vt)	[additsjo'nare]
(bij elkaar voegen)		
optellen (ww)	addizionare (vt)	[additsjo'nare]
vermenigvuldiging (de)	moltiplicazione (f)	[moltiplika'tsjone]
vermenigvuldigen (ww)	moltiplicare (vt)	[moltipli'kare]

9. Getallen. Diversen

cijfer (het)	cifra (f)	['tʃifra]
nummer (het)	numero (m)	['numero]
telwoord (het)	numerale (m)	[nume'rale]
minteken (het)	meno (m)	['meno]
plusteken (het)	più (m)	['pju]
formule (de)	formula (f)	['formula]
berekening (de)	calcolo (m)	['kalkolo]

tellen (ww)	contare (vt)	[kon'tare]
bijrekenen (ww)	calcolare (vt)	[kalko'lare]
vergelijken (ww)	comparare (vt)	[kompa'rare]
Hoeveel? (ontelb.)	Quanto?	['kwanto]
Hoeveel? (telb.)	Quanti?	['kwanti]
som (de), totaal (het)	somma (f)	['somma]
uitkomst (de)	risultato (m)	[rizul'tato]
rest (de)	resto (m)	['resto]
enkele (bijv. ~ minuten)	qualche ...	['kwalke]
weinig (bw)	un po'di ...	[un po di]
restant (het)	resto (m)	['resto]
anderhalf	uno e mezzo	['uno e 'meddzo]
dozijn (het)	dozzina (f)	[dod'dzina]
middendoor (bw)	in due	[in 'due]
even (bw)	in parti uguali	[in 'parti u'gwali]
helft (de)	metà (f), mezzo (m)	[me'ta], ['meddzo]
keer (de)	volta (f)	['volta]

10. De belangrijkste werkwoorden. Deel 1

aanbevelen (ww)	raccomandare (vt)	[rakkoman'dare]
aandringen (ww)	insistere (vi)	[in'sistere]
aankomen (per auto, enz.)	arrivare (vi)	[arri'vare]
aanraken (ww)	toccare (vt)	[tok'kare]
adviseren (ww)	consigliare (vt)	[konsiʎ'ʎare]
afdalen (on.ww.)	scendere (vi)	['ʃendere]
afslaan (naar rechts ~)	girare (vi)	[dʒi'rare]
antwoorden (ww)	rispondere (vi, vt)	[ris'pondere]
bang zijn (ww)	avere paura	[a'vere pa'ura]
bedreigen (bijv. met een pistool)	minacciare (vt)	[mina'tʃare]
bedriegen (ww)	ingannare (vt)	[ingan'nare]
beëindigen (ww)	finire (vt)	[fi'nire]
beginnen (ww)	cominciare (vt)	[komin'tʃare]
begrijpen (ww)	capire (vt)	[ka'pire]
beheren (managen)	dirigere (vt)	[di'ridʒere]
beledigen (met scheldwoorden)	insultare (vt)	[insul'tare]
beloven (ww)	promettere (vt)	[pro'mettere]
bereiden (koken)	cucinare (vi)	[kutʃi'nare]
bespreken (spreken over)	discutere (vt)	[di'skutere]
bestellen (eten ~)	ordinare (vt)	[ordi'nare]
bestraffen (een stout kind ~)	punire (vt)	[pu'nire]
betalen (ww)	pagare (vi, vt)	[pa'gare]
betekenen (beduiden)	significare (vt)	[siɲifi'kare]
betreuren (ww)	rincrescere (vi)	[rin'kreʃere]

bevallen (prettig vinden)	piacere (vi)	[pja'tʃere]
bevelen (mil.)	ordinare (vt)	[ordi'nare]
bevrijden (stad, enz.)	liberare (vt)	[libe'rare]
bewaren (ww)	conservare (vt)	[konser'vare]
bezitten (ww)	possedere (vt)	[posse'dere]
bidden (praten met God)	pregare (vi, vt)	[pre'gare]
binnengaan (een kamer ~)	entrare (vi)	[en'trare]
breken (ww)	rompere (vt)	['rompere]
controleren (ww)	controllare (vt)	[kontrol'lare]
creëren (ww)	creare (vt)	[kre'are]
deelnemen (ww)	partecipare (vi)	[partetʃi'pare]
denken (ww)	pensare (vi, vt)	[pen'sare]
doden (ww)	uccidere (vt)	[u'tʃidere]
doen (ww)	fare (vt)	['fare]
dorst hebben (ww)	avere sete	[a'vere 'sete]

11. De belangrijkste werkwoorden. Deel 2

een hint geven	dare un suggerimento	[dare un sudʒeri'mento]
eisen (met klem vragen)	esigere (vt)	[e'zidʒere]
excuseren (vergeven)	battaglia (f)	[bat'taʎʎa]
existeren (bestaan)	esistere (vi)	[e'zistere]
gaan (te voet)	andare (vi)	[an'dare]
gaan zitten (ww)	sedersi (vr)	[se'dersi]
gaan zwemmen	fare il bagno	['fare il 'baɲo]
geven (ww)	dare (vt)	['dare]
glimlachen (ww)	sorridere (vi)	[sor'ridere]
goed raden (ww)	indovinare (vt)	[indovi'nare]
grappen maken (ww)	scherzare (vi)	[sker'tsare]
graven (ww)	scavare (vt)	[ska'vare]
hebben (ww)	avere (vt)	[a'vere]
helpen (ww)	aiutare (vt)	[aju'tare]
herhalen (opnieuw zeggen)	ripetere (vt)	[ri'petere]
honger hebben (ww)	avere fame	[a'vere 'fame]
hopen (ww)	sperare (vi, vt)	[spe'rare]
horen	sentire (vt)	[sen'tire]
(waarnemen met het oor)		
huilen (wenen)	piangere (vi)	['pjandʒere]
huren (huis, kamer)	affittare (vt)	[affit'tare]
informeren (informatie geven)	informare (vt)	[infor'mare]
instemmen (akkoord gaan)	essere d'accordo	['essere dak'kordo]
jagen (ww)	cacciare (vt)	[ka'tʃare]
kennen (kennis hebben van iemand)	conoscere	[ko'noʃere]
kiezen (ww)	scegliere (vt)	['ʃeʎʎere]
klagen (ww)	lamentarsi (vr)	[lamen'tarsi]
kosten (ww)	costare (vt)	[ko'stare]

kunnen (ww)	potere (v aus)	[po'tere]
lachen (ww)	ridere (vi)	['ridere]
laten vallen (ww)	lasciar cadere	[la'ʃar ka'dere]
lezen (ww)	leggere (vi, vt)	['ledʒere]

liefhebben (ww)	amare qn	[a'mare]
lunchen (ww)	pranzare (vi)	[pran'tsare]
nemen (ww)	prendere (vt)	['prendere]
nodig zijn (ww)	occorrere	[ok'korrere]

12. De belangrijkste werkwoorden. Deel 3

onderschatten (ww)	sottovalutare (vt)	[sottovalu'tare]
ondertekenen (ww)	firmare (vt)	[fir'mare]
ontbijten (ww)	fare colazione	['fare kola'tsjone]
openen (ww)	aprire (vt)	[a'prire]
ophouden (ww)	cessare (vt)	[tʃes'sare]
opmerken (zien)	accorgersi (vr)	[ak'kordʒersi]

opscheppen (ww)	vantarsi (vr)	[van'tarsi]
opschrijven (ww)	annotare (vt)	[anno'tare]
plannen (ww)	pianificare (vt)	[pjanifi'kare]
prefereren (verkiezen)	preferire (vt)	[prefe'rire]
proberen (trachten)	tentare (vt)	[ten'tare]
redden (ww)	salvare (vt)	[sal'vare]

rekenen op ...	contare su ...	[kon'tare su]
rennen (ww)	correre (vi)	['korrere]
reserveren (een hotelkamer ~)	riservare (vt)	[rizer'vare]
roepen (om hulp)	chiamare (vt)	[kja'mare]
schieten (ww)	sparare (vi)	[spa'rare]
schreeuwen (ww)	gridare (vi)	[gri'dare]

schrijven (ww)	scrivere (vt)	['skrivere]
souperen (ww)	cenare (vi)	[tʃe'nare]
spelen (kinderen)	giocare (vi)	[dʒo'kare]
spreken (ww)	parlare (vi, vt)	[par'lare]
stelen (ww)	rubare (vt)	[ru'bare]
stoppen (pauzeren)	fermarsi (vr)	[fer'marsi]

studeren (Nederlands ~)	studiare (vt)	[stu'djare]
sturen (zenden)	mandare (vt)	[man'dare]
tellen (optellen)	contare (vt)	[kon'tare]
toebehoren aan ...	appartenere (vi)	[apparte'nere]

| toestaan (ww) | permettere (vt) | [per'mettere] |
| tonen (ww) | mostrare (vt) | [mo'strare] |

twijfelen (onzeker zijn)	dubitare (vi)	[dubi'tare]
uitgaan (ww)	uscire (vi)	[u'ʃire]
uitnodigen (ww)	invitare (vt)	[invi'tare]
uitspreken (ww)	pronunciare (vt)	[pronun'tʃare]
uitvaren tegen (ww)	sgridare (vt)	[zgri'dare]

13. De belangrijkste werkwoorden. Deel 4

vallen (ww)	cadere (vi)	[ka'dere]
vangen (ww)	afferrare (vt)	[affer'rare]
veranderen (anders maken)	cambiare (vt)	[kam'bjare]
verbaasd zijn (ww)	stupirsi (vr)	[stu'pirsi]
verbergen (ww)	nascondere (vt)	[na'skondere]
verdedigen (je land ~)	difendere (vt)	[di'fendere]
verenigen (ww)	unire (vt)	[u'nire]
vergelijken (ww)	comparare (vt)	[kompa'rare]
vergeten (ww)	dimenticare (vt)	[dimenti'kare]
vergeven (ww)	perdonare (vt)	[perdo'nare]
verklaren (uitleggen)	spiegare (vt)	[spje'gare]
verkopen (per stuk ~)	vendere (vt)	['vendere]
vermelden (praten over)	menzionare (vt)	[mentsjo'nare]
versieren (decoreren)	decorare (vt)	[deko'rare]
vertalen (ww)	tradurre (vt)	[tra'durre]
vertrouwen (ww)	fidarsi (vr)	[fi'darsi]
vervolgen (ww)	continuare (vt)	[kontinu'are]
verwarren (met elkaar ~)	confondere (vt)	[kon'fondere]
verzoeken (ww)	chiedere, domandare	['kjedere], [doman'dare]
verzuimen (school, enz.)	mancare le lezioni	[man'kare le le'tsjoni]
vinden (ww)	trovare (vt)	[tro'vare]
vliegen (ww)	volare (vi)	[vo'lare]
volgen (ww)	seguire (vt)	[se'gwire]
voorstellen (ww)	proporre (vt)	[pro'porre]
voorzien (verwachten)	prevedere (vt)	[preve'dere]
vragen (ww)	chiedere, domandare	['kjedere], [doman'dare]
waarnemen (ww)	osservare (vt)	[osser'vare]
waarschuwen (ww)	avvertire (vt)	[avver'tire]
wachten (ww)	aspettare (vt)	[aspet'tare]
weerspreken (ww)	obiettare (vt)	[objet'tare]
weigeren (ww)	rifiutarsi (vr)	[rifju'tarsi]
werken (ww)	lavorare (vi)	[lavo'rare]
weten (ww)	sapere (vt)	[sa'pere]
willen (verlangen)	volere (vt)	[vo'lere]
zeggen (ww)	dire (vt)	['dire]
zich haasten (ww)	avere fretta	[a'vere 'fretta]
zich interesseren voor ...	interessarsi di ...	[interes'sarsi di]
zich vergissen (ww)	sbagliare (vi)	[zbaʎ'ʎare]
zich verontschuldigen	scusarsi (vr)	[sku'zarsi]
zien (ww)	vedere (vt)	[ve'dere]
zijn (ww)	essere (vi)	['essere]
zoeken (ww)	cercare (vt)	[tʃer'kare]
zwemmen (ww)	nuotare (vi)	[nuo'tare]
zwijgen (ww)	tacere (vi)	[ta'tʃere]

14. Kleuren

kleur (de)	colore (m)	[ko'lore]
tint (de)	sfumatura (f)	[sfuma'tura]
kleurnuance (de)	tono (m)	['tono]
regenboog (de)	arcobaleno (m)	[arkoba'leno]
wit (bn)	bianco	['bjanko]
zwart (bn)	nero	['nero]
grijs (bn)	grigio	['gridʒo]
groen (bn)	verde	['verde]
geel (bn)	giallo	['dʒallo]
rood (bn)	rosso	['rosso]
blauw (bn)	blu	['blu]
lichtblauw (bn)	azzurro	[ad'dzurro]
roze (bn)	rosa	['roza]
oranje (bn)	arancione	[aran'tʃone]
violet (bn)	violetto	[vio'letto]
bruin (bn)	marrone	[mar'rone]
goud (bn)	d'oro	['doro]
zilverkleurig (bn)	argenteo	[ar'dʒenteo]
beige (bn)	beige	[beʒ]
roomkleurig (bn)	color crema	[ko'lor 'krema]
turkoois (bn)	turchese	[tur'keze]
kersrood (bn)	rosso ciliegia (f)	['rosso tʃi'ljedʒa]
lila (bn)	lilla	['lilla]
karmijnrood (bn)	rosso lampone	['rosso lam'pone]
licht (bn)	chiaro	['kjaro]
donker (bn)	scuro	['skuro]
fel (bn)	vivo, vivido	['vivo], ['vivido]
kleur-, kleurig (bn)	colorato	[kolo'rato]
kleuren- (abn)	a colori	[a ko'lori]
zwart-wit (bn)	bianco e nero	['bjanko e 'nero]
eenkleurig (bn)	in tinta unita	[in 'tinta u'nita]
veelkleurig (bn)	multicolore	[multiko'lore]

15. Vragen

Wie?	Chi?	[ki]
Wat?	Che cosa?	[ke 'koza]
Waar?	Dove?	['dove]
Waarheen?	Dove?	['dove]
Waarvandaan?	Di dove?, Da dove?	[di 'dove], [da 'dove]
Wanneer?	Quando?	['kwando]
Waarom?	Perché?	[per'ke]
Waarom?	Perché?	[per'ke]
Waarvoor dan ook?	Per che cosa?	[per ke 'koza]

Hoe?	Come?	['kome]
Wat voor …?	Che?	[ke]
Welk?	Quale?	['kwale]
Aan wie?	A chi?	[a 'ki]
Over wie?	Di chi?	[di 'ki]
Waarover?	Di che cosa?	[di ke 'koza]
Met wie?	Con chi?	[kon 'ki]
Van wie? (mann.)	Di chi?	[di 'ki]

16. Voorzetsels

met (bijv. ~ beleg)	con	[kon]
zonder (~ accent)	senza	['sentsa]
naar (in de richting van)	a	[a]
over (praten ~)	di	[di]
voor (in tijd)	prima di …	['prima di]
voor (aan de voorkant)	di fronte a …	[di 'fronte a]
onder (lager dan)	sotto	['sotto]
boven (hoger dan)	sopra	['sopra]
op (bovenop)	su	[su]
van (uit, afkomstig van)	da, di	[da], [di]
van (gemaakt van)	di	[di]
over (bijv. ~ een uur)	fra …	[fra]
over (over de bovenkant)	attraverso	[attra'verso]

17. Functiewoorden. Bijwoorden. Deel 1

Waar?	Dove?	['dove]
hier (bw)	qui	[kwi]
daar (bw)	lì	[li]
ergens (bw)	da qualche parte	[da 'kwalke 'parte]
nergens (bw)	da nessuna parte	[da nes'suna 'parte]
bij … (in de buurt)	vicino a …	[vi'tʃino a]
bij het raam	vicino alla finestra	[vi'tʃino 'alla fi'nestra]
Waarheen?	Dove?	['dove]
hierheen (bw)	di qui	[di kwi]
daarheen (bw)	ci	[tʃi]
hiervandaan (bw)	da qui	[da kwi]
daarvandaan (bw)	da lì	[da 'li]
dichtbij (bw)	vicino, accanto	[vi'tʃino], [a'kanto]
ver (bw)	lontano	[lon'tano]
in de buurt (van …)	vicino a …	[vi'tʃino a]
dichtbij (bw)	vicino	[vi'tʃino]
niet ver (bw)	non lontano	[non lon'tano]

linker (bn)	sinistro	[si'nistro]
links (bw)	a sinistra	[a si'nistra]
linksaf, naar links (bw)	a sinistra	[a si'nistra]
rechter (bn)	destro	['destro]
rechts (bw)	a destra	[a 'destra]
rechtsaf, naar rechts (bw)	a destra	[a 'destra]
vooraan (bw)	davanti	[da'vanti]
voorste (bn)	anteriore	[ante'rjore]
vooruit (bw)	avanti	[a'vanti]
achter (bw)	dietro	['djetro]
van achteren (bw)	da dietro	[da 'djetro]
achteruit (naar achteren)	indietro	[in'djetro]
midden (het)	mezzo (m), centro (m)	['meddzo], ['tʃentro]
in het midden (bw)	in mezzo, al centro	[in 'meddzo], [al 'tʃentro]
opzij (bw)	di fianco	[di 'fjanko]
overal (bw)	dappertutto	[dapper'tutto]
omheen (bw)	attorno	[at'torno]
binnenuit (bw)	da dentro	[da 'dentro]
naar ergens (bw)	da qualche parte	[da 'kwalke 'parte]
rechtdoor (bw)	dritto	['dritto]
terug (bijv. ~ komen)	indietro	[in'djetro]
ergens vandaan (bw)	da qualsiasi parte	[da kwal'siazi 'parte]
ergens vandaan (en dit geld moet ~ komen)	da qualche posto	[da 'kwalke 'posto]
ten eerste (bw)	in primo luogo	[in 'primo lu'ogo]
ten tweede (bw)	in secondo luogo	[in se'kondo lu'ogo]
ten derde (bw)	in terzo luogo	[in 'tertso lu'ogo]
plotseling (bw)	all'improvviso	[all improv'vizo]
in het begin (bw)	all'inizio	[all i'nitsio]
voor de eerste keer (bw)	per la prima volta	[per la 'prima 'volta]
lang voor ... (bw)	molto tempo prima di ...	['molto 'tempo 'prima di]
opnieuw (bw)	di nuovo	[di nu'ovo]
voor eeuwig (bw)	per sempre	[per 'sempre]
nooit (bw)	mai	[maj]
weer (bw)	ancora	[an'kora]
nu (bw)	adesso	[a'desso]
vaak (bw)	spesso	['spesso]
toen (bw)	allora	[al'lora]
urgent (bw)	urgentemente	[urdʒente'mente]
meestal (bw)	di solito	[di 'solito]
trouwens, ... (tussen haakjes)	a proposito, ...	[a pro'pozito]
mogelijk (bw)	è possibile	[e pos'sibile]
waarschijnlijk (bw)	probabilmente	[probabil'mente]
misschien (bw)	forse	['forse]

trouwens (bw)	inoltre ...	[i'noltre]
daarom ...	ecco perché ...	['ekko per'ke]
in weerwil van ...	nonostante	[nono'stante]
dankzij ...	grazie a ...	['gratsie a]
wat (vn)	che cosa	[ke 'koza]
dat (vw)	che	[ke]
iets (vn)	qualcosa	[kwal'koza]
iets	qualcosa	[kwal'koza]
niets (vn)	niente	['njente]
wie (~ is daar?)	chi	[ki]
iemand (een onbekende)	qualcuno	[kwal'kuno]
iemand (een bepaald persoon)	qualcuno	[kwal'kuno]
niemand (vn)	nessuno	[nes'suno]
nergens (bw)	da nessuna parte	[da nes'suna 'parte]
niemands (bn)	di nessuno	[di nes'suno]
iemands (bn)	di qualcuno	[di kwal'kuno]
zo (Ik ben ~ blij)	così	[ko'zi]
ook (evenals)	anche	['aŋke]
alsook (eveneens)	anche, pure	['aŋke], ['pure]

18. Functiewoorden. Bijwoorden. Deel 2

Waarom?	Perché?	[per'ke]
om een bepaalde reden	per qualche ragione	[per 'kwalke ra'dʒone]
omdat ...	perché ...	[per'ke]
voor een bepaald doel	per qualche motivo	[per 'kwalke mo'tivo]
en (vw)	e	[e]
of (vw)	o ...	[o]
maar (vw)	ma	[ma]
voor (vz)	per	[per]
te (~ veel mensen)	troppo	['troppo]
alleen (bw)	solo	['solo]
precies (bw)	esattamente	[ezatta'mente]
ongeveer (~ 10 kg)	circa	['tʃirka]
omstreeks (bw)	approssimativamente	[approsimativa'mente]
bij benadering (bn)	approssimativo	[approssima'tivo]
bijna (bw)	quasi	['kwazi]
rest (de)	resto (m)	['resto]
elk (bn)	ogni	['oɲi]
om het even welk	qualsiasi	[kwal'siazi]
veel mensen	molta gente	['molta 'dʒente]
iedereen (alle personen)	tutto, tutti	['tutto], ['tutti]
in ruil voor ...	in cambio di ...	[in 'kambio di]
in ruil (bw)	in cambio	[in 'kambio]

met de hand (bw)	a mano	[a 'mano]
onwaarschijnlijk (bw)	poco probabile	['poko pro'babile]
waarschijnlijk (bw)	probabilmente	[probabil'mente]
met opzet (bw)	apposta	[ap'posta]
toevallig (bw)	per caso	[per 'kazo]
zeer (bw)	molto	['molto]
bijvoorbeeld (bw)	per esempio	[per e'zempjo]
tussen (~ twee steden)	fra	[fra]
tussen (te midden van)	fra	[fra]
zoveel (bw)	tanto	['tanto]
vooral (bw)	soprattutto	[sopra'tutto]

Basisbegrippen Deel 2

19. Dagen van de week

maandag (de)	lunedì (m)	[lune'di]
dinsdag (de)	martedì (m)	[marte'di]
woensdag (de)	mercoledì (m)	[merkole'di]
donderdag (de)	giovedì (m)	[dʒove'di]
vrijdag (de)	venerdì (m)	[vener'di]
zaterdag (de)	sabato (m)	['sabato]
zondag (de)	domenica (f)	[do'menika]
vandaag (bw)	oggi	['odʒi]
morgen (bw)	domani	[do'mani]
overmorgen (bw)	dopodomani	[dopodo'mani]
gisteren (bw)	ieri	['jeri]
eergisteren (bw)	l'altro ieri	['laltro 'jeri]
dag (de)	giorno (m)	['dʒorno]
werkdag (de)	giorno (m) lavorativo	['dʒorno lavora'tivo]
feestdag (de)	giorno (m) festivo	['dʒorno fes'tivo]
verlofdag (de)	giorno (m) di riposo	['dʒorno di ri'pozo]
weekend (het)	fine (m) settimana	['fine setti'mana]
de hele dag (bw)	tutto il giorno	['tutto il 'dʒorno]
de volgende dag (bw)	l'indomani	[lindo'mani]
twee dagen geleden	due giorni fa	['due 'dʒorni fa]
aan de vooravond (bw)	il giorno prima	[il 'dʒorno 'prima]
dag-, dagelijks (bn)	quotidiano	[kwoti'djano]
elke dag (bw)	ogni giorno	['oɲi 'dʒorno]
week (de)	settimana (f)	[setti'mana]
vorige week (bw)	la settimana scorsa	[la setti'mana 'skorsa]
volgende week (bw)	la settimana prossima	[la setti'mana 'prossima]
wekelijks (bn)	settimanale	[settima'nale]
elke week (bw)	ogni settimana	['oɲi setti'mana]
twee keer per week	due volte alla settimana	['due 'volte 'alla setti'mana]
elke dinsdag	ogni martedì	['oɲi marte'di]

20. Uren. Dag en nacht

morgen (de)	mattina (f)	[mat'tina]
's morgens (bw)	di mattina	[di mat'tina]
middag (de)	mezzogiorno (m)	[meddzo'dʒorno]
's middags (bw)	nel pomeriggio	[nel pome'ridʒo]
avond (de)	sera (f)	['sera]
's avonds (bw)	di sera	[di 'sera]

nacht (de)	notte (f)	['notte]
's nachts (bw)	di notte	[di 'notte]
middernacht (de)	mezzanotte (f)	[meddza'notte]
seconde (de)	secondo (m)	[se'kondo]
minuut (de)	minuto (m)	[mi'nuto]
uur (het)	ora (f)	['ora]
halfuur (het)	mezzora (f)	[med'dzora]
kwartier (het)	un quarto d'ora	[un 'kwarto 'dora]
vijftien minuten	quindici minuti	['kwinditʃi mi'nuti]
etmaal (het)	ventiquattro ore	[venti'kwattro 'ore]
zonsopgang (de)	levata (f) del sole	[le'vata del 'sole]
dageraad (de)	alba (f)	['alba]
vroege morgen (de)	mattutino (m)	[mattu'tino]
zonsondergang (de)	tramonto (m)	[tra'monto]
's morgens vroeg (bw)	di buon mattino	[di bu'on mat'tino]
vanmorgen (bw)	stamattina	[stamat'tina]
morgenochtend (bw)	domattina	[domat'tina]
vanmiddag (bw)	oggi pomeriggio	['odʒi pome'ridʒo]
's middags (bw)	nel pomeriggio	[nel pome'ridʒo]
morgenmiddag (bw)	domani pomeriggio	[do'mani pome'ridʒo]
vanavond (bw)	stasera	[sta'sera]
morgenavond (bw)	domani sera	[do'mani 'sera]
klokslag drie uur	alle tre precise	['alle tre pre'tʃize]
ongeveer vier uur	verso le quattro	['verso le 'kwattro]
tegen twaalf uur	per le dodici	[per le 'doditʃi]
over twintig minuten	fra venti minuti	[fra 'venti mi'nuti]
over een uur	fra un'ora	[fra un 'ora]
op tijd (bw)	puntualmente	[puntual'mente]
kwart voor …	un quarto di …	[un 'kwarto di]
binnen een uur	entro un'ora	['entro un 'ora]
elk kwartier	ogni quindici minuti	['oɲi 'kwinditʃi mi'nuti]
de klok rond	giorno e notte	['dʒorno e 'notte]

21. Maanden. Seizoenen

januari (de)	gennaio (m)	[dʒen'najo]
februari (de)	febbraio (m)	[feb'brajo]
maart (de)	marzo (m)	['martso]
april (de)	aprile (m)	[a'prile]
mei (de)	maggio (m)	['madʒo]
juni (de)	giugno (m)	['dʒuɲo]
juli (de)	luglio (m)	['luʎʎo]
augustus (de)	agosto (m)	[a'gosto]
september (de)	settembre (m)	[set'tembre]
oktober (de)	ottobre (m)	[ot'tobre]

november (de)	novembre (m)	[no'vembre]
december (de)	dicembre (m)	[di'tʃembre]
lente (de)	primavera (f)	[prima'vera]
in de lente (bw)	in primavera	[in prima'vera]
lente- (abn)	primaverile	[primave'rile]
zomer (de)	estate (f)	[e'state]
in de zomer (bw)	in estate	[in e'state]
zomer-, zomers (bn)	estivo	[e'stivo]
herfst (de)	autunno (m)	[au'tunno]
in de herfst (bw)	in autunno	[in au'tunno]
herfst- (abn)	autunnale	[autun'nale]
winter (de)	inverno (m)	[in'verno]
in de winter (bw)	in inverno	[in in'verno]
winter- (abn)	invernale	[inver'nale]
maand (de)	mese (m)	['meze]
deze maand (bw)	questo mese	['kwesto 'meze]
volgende maand (bw)	il mese prossimo	[il 'meze 'prossimo]
vorige maand (bw)	il mese scorso	[il 'meze 'skorso]
een maand geleden (bw)	un mese fa	[un 'meze fa]
over een maand (bw)	fra un mese	[fra un 'meze]
over twee maanden (bw)	fra due mesi	[fra 'due 'mezi]
de hele maand (bw)	un mese intero	[un 'meze in'tero]
een volle maand (bw)	per tutto il mese	[per 'tutto il 'meze]
maand-, maandelijks (bn)	mensile	[men'sile]
maandelijks (bw)	mensilmente	[mensil'mente]
elke maand (bw)	ogni mese	['oɲi 'meze]
twee keer per maand	due volte al mese	['due 'volte al 'meze]
jaar (het)	anno (m)	['anno]
dit jaar (bw)	quest'anno	[kwest'anno]
volgend jaar (bw)	l'anno prossimo	['lanno 'prossimo]
vorig jaar (bw)	l'anno scorso	['lanno 'skorso]
een jaar geleden (bw)	un anno fa	[un 'anno fa]
over een jaar	fra un anno	[fra un 'anno]
over twee jaar	fra due anni	[fra 'due 'anni]
het hele jaar	un anno intero	[un 'anno in'tero]
een vol jaar	per tutto l'anno	[per 'tutto 'lanno]
elk jaar	ogni anno	['oɲi 'anno]
jaar-, jaarlijks (bn)	annuale	[annu'ale]
jaarlijks (bw)	annualmente	[annual'mente]
4 keer per jaar	quattro volte all'anno	['kwattro 'volte all 'anno]
datum (de)	data (f)	['data]
datum (de)	data (f)	['data]
kalender (de)	calendario (m)	[kalen'dario]
een half jaar	mezz'anno (m)	[med'dzanno]
zes maanden	semestre (m)	[se'mestre]

seizoen (bijv. lente, zomer)	stagione (f)	[sta'dʒone]
eeuw (de)	secolo (m)	['sekolo]

22. Meeteenheden

gewicht (het)	peso (m)	['pezo]
lengte (de)	lunghezza (f)	[lun'gettsa]
breedte (de)	larghezza (f)	[lar'gettsa]
hoogte (de)	altezza (f)	[al'tettsa]
diepte (de)	profondità (f)	[profondi'ta]
volume (het)	volume (m)	[vo'lume]
oppervlakte (de)	area (f)	['area]
gram (het)	grammo (m)	['grammo]
milligram (het)	milligrammo (m)	[milli'grammo]
kilogram (het)	chilogrammo (m)	[kilo'grammo]
ton (duizend kilo)	tonnellata (f)	[tonnel'lata]
pond (het)	libbra (f)	['libbra]
ons (het)	oncia (f)	['ontʃa]
meter (de)	metro (m)	['metro]
millimeter (de)	millimetro (m)	[mil'limetro]
centimeter (de)	centimetro (m)	[tʃen'timetro]
kilometer (de)	chilometro (m)	[ki'lometro]
mijl (de)	miglio (m)	['miʎʎo]
duim (de)	pollice (m)	['pollitʃe]
voet (de)	piede (f)	['pjede]
yard (de)	iarda (f)	[jarda]
vierkante meter (de)	metro (m) quadro	['metro 'kwadro]
hectare (de)	ettaro (m)	['ettaro]
liter (de)	litro (m)	['litro]
graad (de)	grado (m)	['grado]
volt (de)	volt (m)	[volt]
ampère (de)	ampere (m)	[am'pere]
paardenkracht (de)	cavallo vapore (m)	[ka'vallo va'pore]
hoeveelheid (de)	quantità (f)	[kwanti'ta]
een beetje ...	un po'di ...	[un po di]
helft (de)	metà (f)	[me'ta]
dozijn (het)	dozzina (f)	[dod'dzina]
stuk (het)	pezzo (m)	['pettso]
afmeting (de)	dimensione (f)	[dimen'sjone]
schaal (bijv. ~ van 1 op 50)	scala (f)	['skala]
minimaal (bn)	minimo	['minimo]
minste (bn)	minore	[mi'nore]
medium (bn)	medio	['medio]
maximaal (bn)	massimo	['massimo]
grootste (bn)	maggiore	[ma'dʒore]

23. Containers

glazen pot (de)	barattolo (m) di vetro	[ba'rattolo di 'vetro]
blik (conserven~)	latta (f), lattina (f)	['latta], [lat'tina]
emmer (de)	secchio (m)	['sekkio]
ton (bijv. regenton)	barile (m), botte (f)	[ba'rile], ['botte]
ronde waterbak (de)	catino (m)	[ka'tino]
tank (bijv. watertank-70-ltr)	serbatoio (m)	[serba'tojo]
heupfles (de)	fiaschetta (f)	[fias'ketta]
jerrycan (de)	tanica (f)	['tanika]
tank (bijv. ketelwagen)	cisterna (f)	[tʃi'sterna]
beker (de)	tazza (f)	['tattsa]
kopje (het)	tazzina (f)	[tat'tsina]
schoteltje (het)	piattino (m)	[pjat'tino]
glas (het)	bicchiere (m)	[bik'kjere]
wijnglas (het)	calice (m)	['kalitʃe]
pan (de)	casseruola (f)	[kasseru'ola]
fles (de)	bottiglia (f)	[bot'tiʎʎa]
flessenhals (de)	collo (m)	['kollo]
karaf (de)	caraffa (f)	[ka'raffa]
kruik (de)	brocca (f)	['brokka]
vat (het)	recipiente (m)	[retʃi'pjente]
pot (de)	vaso (m) di coccio	['vazo di 'kotʃo]
vaas (de)	vaso (m)	['vazo]
flacon (de)	boccetta (f)	[bo'tʃetta]
flesje (het)	fiala (f)	[fi'ala]
tube (bijv. ~ tandpasta)	tubetto (m)	[tu'betto]
zak (bijv. ~ aardappelen)	sacco (m)	['sakko]
tasje (het)	sacchetto (m)	[sak'ketto]
pakje (~ sigaretten, enz.)	pacchetto (m)	[pak'ketto]
doos (de)	scatola (f)	['skatola]
kist (de)	cassa (f)	['kassa]
mand (de)	cesta (f)	['tʃesta]

MENS

Mens. Het lichaam

24. Hoofd

hoofd (het)	testa (f)	['testa]
gezicht (het)	viso (m)	['vizo]
neus (de)	naso (m)	['nazo]
mond (de)	bocca (f)	['bokka]
oog (het)	occhio (m)	['okkio]
ogen (mv.)	occhi (m pl)	['okki]
pupil (de)	pupilla (f)	[pu'pilla]
wenkbrauw (de)	sopracciglio (m)	[sopra'tʃiʎʎo]
wimper (de)	ciglio (m)	['tʃiʎʎo]
ooglid (het)	palpebra (f)	['palpebra]
tong (de)	lingua (f)	['lingua]
tand (de)	dente (m)	['dente]
lippen (mv.)	labbra (f pl)	['labbra]
jukbeenderen (mv.)	zigomi (m pl)	['dzigomi]
tandvlees (het)	gengiva (f)	[dʒen'dʒiva]
gehemelte (het)	palato (m)	[pa'lato]
neusgaten (mv.)	narici (f pl)	[na'ritʃi]
kin (de)	mento (m)	['mento]
kaak (de)	mascella (f)	[ma'ʃella]
wang (de)	guancia (f)	['gwantʃa]
voorhoofd (het)	fronte (f)	['fronte]
slaap (de)	tempia (f)	['tempia]
oor (het)	orecchio (m)	[o'rekkio]
achterhoofd (het)	nuca (f)	['nuka]
hals (de)	collo (m)	['kollo]
keel (de)	gola (f)	['gola]
haren (mv.)	capelli (m pl)	[ka'pelli]
kapsel (het)	pettinatura (f)	[pettina'tura]
haarsnit (de)	taglio (m)	['taʎʎo]
pruik (de)	parrucca (f)	['parrukka]
snor (de)	baffi (m pl)	['baffi]
baard (de)	barba (f)	['barba]
dragen (een baard, enz.)	portare (vt)	[por'tare]
vlecht (de)	treccia (f)	['tretʃa]
bakkebaarden (mv.)	basette (f pl)	[ba'zette]
ros (roodachtig, rossig)	rosso	['rosso]
grijs (~ haar)	brizzolato	[brittso'lato]

kaal (bn)	calvo	['kalvo]
kale plek (de)	calvizie (f)	[kal'vitsie]
paardenstaart (de)	coda (f) di cavallo	['koda di ka'vallo]
pony (de)	frangetta (f)	[fran'dʒetta]

25. Menselijk lichaam

hand (de)	mano (f)	['mano]
arm (de)	braccio (m)	['bratʃo]
vinger (de)	dito (m)	['dito]
teen (de)	dito (m) del piede	['dito del 'pjede]
duim (de)	pollice (m)	['pollitʃe]
pink (de)	mignolo (m)	[mi'ɲolo]
nagel (de)	unghia (f)	['ungia]
vuist (de)	pugno (m)	['puɲo]
handpalm (de)	palmo (m)	['palmo]
pols (de)	polso (m)	['polso]
voorarm (de)	avambraccio (m)	[avam'bratʃo]
elleboog (de)	gomito (m)	['gomito]
schouder (de)	spalla (f)	['spalla]
been (rechter ~)	gamba (f)	['gamba]
voet (de)	pianta (f) del piede	['pjanta del 'pjede]
knie (de)	ginocchio (m)	[dʒi'nokkio]
kuit (de)	polpaccio (m)	[pol'patʃo]
heup (de)	anca (f)	['anka]
hiel (de)	tallone (m)	[tal'lone]
lichaam (het)	corpo (m)	['korpo]
buik (de)	pancia (f)	['pantʃa]
borst (de)	petto (m)	['petto]
borst (de)	seno (m)	['seno]
zijde (de)	fianco (m)	['fjanko]
rug (de)	schiena (f)	['skjena]
lage rug (de)	zona (f) lombare	['dzona lom'bare]
taille (de)	vita (f)	['vita]
navel (de)	ombelico (m)	[ombe'liko]
billen (mv.)	natiche (f pl)	['natike]
achterwerk (het)	sedere (m)	[se'dere]
huidvlek (de)	neo (m)	['neo]
moedervlek (de)	voglia (f)	['voʎʎa]
tatoeage (de)	tatuaggio (m)	[tatu'adʒo]
litteken (het)	cicatrice (f)	[tʃika'tritʃe]

Kleding en accessoires

26. Bovenkleding. Jassen

kleren (mv.)	vestiti (m pl)	[ve'stiti]
bovenkleding (de)	soprabito (m)	[so'prabito]
winterkleding (de)	abiti (m pl) invernali	['abiti inver'nali]
jas (de)	cappotto (m)	[kap'potto]
bontjas (de)	pelliccia (f)	[pel'litʃa]
bontjasje (het)	pellicciotto (m)	[pelli'tʃotto]
donzen jas (de)	piumino (m)	[pju'mino]
jasje (bijv. een leren ~)	giubbotto (m), giaccha (f)	[dʒub'botto], ['dʒakka]
regenjas (de)	impermeabile (m)	[imperme'abile]
waterdicht (bn)	impermeabile	[imperme'abile]

27. Heren & dames kleding

overhemd (het)	camicia (f)	[ka'mitʃa]
broek (de)	pantaloni (m pl)	[panta'loni]
jeans (de)	jeans (m pl)	['dʒins]
colbert (de)	giacca (f)	['dʒakka]
kostuum (het)	abito (m) da uomo	['abito da u'omo]
jurk (de)	abito (m)	['abito]
rok (de)	gonna (f)	['gonna]
blouse (de)	camicetta (f)	[kami'tʃetta]
wollen vest (de)	giacca (f) a maglia	['dʒakka a 'maʎʎa]
blazer (kort jasje)	giacca (f) tailleur	['dʒakka ta'jer]
T-shirt (het)	maglietta (f)	[maʎ'ʎetta]
shorts (mv.)	pantaloni (m pl) corti	[panta'loni 'korti]
trainingspak (het)	tuta (f) sportiva	['tuta spor'tiva]
badjas (de)	accappatoio (m)	[akkappa'tojo]
pyjama (de)	pigiama (m)	[pi'dʒama]
sweater (de)	maglione (m)	[maʎ'ʎone]
pullover (de)	pullover (m)	[pul'lover]
gilet (het)	gilè (m)	[dʒi'le]
rokkostuum (het)	frac (m)	[frak]
smoking (de)	smoking (m)	['zmoking]
uniform (het)	uniforme (f)	[uni'forme]
werkkleding (de)	tuta (f) da lavoro	['tuta da la'voro]
overall (de)	salopette (f)	[salo'pett]
doktersjas (de)	camice (m)	[ka'mitʃe]

28. Kleding. Ondergoed

ondergoed (het)	intimo (m)	['intimo]
herenslip (de)	boxer briefs (m)	['bokser brifs]
slipjes (mv.)	mutandina (f)	[mutan'dina]
onderhemd (het)	maglietta (f) intima	[maʎ'ʎetta 'intima]
sokken (mv.)	calzini (m pl)	[kal'tsini]
nachthemd (het)	camicia (f) da notte	[ka'mitʃa da 'notte]
beha (de)	reggiseno (m)	[redʒi'seno]
kniekousen (mv.)	calzini (m pl) alti	[kal'tsini 'alti]
panty (de)	collant (m)	[kol'lant]
nylonkousen (mv.)	calze (f pl)	['kaltse]
badpak (het)	costume (m) da bagno	[ko'stume da 'baɲo]

29. Hoofddeksels

hoed (de)	cappello (m)	[kap'pello]
deukhoed (de)	cappello (m) di feltro	[kap'pello di feltro]
honkbalpet (de)	cappello (m) da baseball	[kap'pello da 'bejzbol]
kleppet (de)	coppola (f)	['koppola]
baret (de)	basco (m)	['basko]
kap (de)	cappuccio (m)	[kap'putʃo]
panamahoed (de)	panama (m)	['panama]
gebreide muts (de)	berretto (m) a maglia	[ber'retto a 'maʎʎa]
hoofddoek (de)	fazzoletto (m) da capo	[fattso'letto da 'kapo]
dameshoed (de)	cappellino (m) donna	[kappel'lino 'donna]
veiligheidshelm (de)	casco (m)	['kasko]
veldmuts (de)	bustina (f)	[bu'stina]
helm, valhelm (de)	casco (m)	['kasko]
bolhoed (de)	bombetta (f)	[bom'betta]
hoge hoed (de)	cilindro (m)	[tʃi'lindro]

30. Schoeisel

schoeisel (het)	calzature (f pl)	[kaltsa'ture]
schoenen (mv.)	stivaletti (m pl)	[stiva'letti]
vrouwenschoenen (mv.)	scarpe (f pl)	['skarpe]
laarzen (mv.)	stivali (m pl)	[sti'vali]
pantoffels (mv.)	pantofole (f pl)	[pan'tofole]
sportschoenen (mv.)	scarpe (f pl) da tennis	['skarpe da 'tennis]
sneakers (mv.)	scarpe (f pl) da ginnastica	['skarpe da dʒin'nastika]
sandalen (mv.)	sandali (m pl)	['sandali]
schoenlapper (de)	calzolaio (m)	[kaltso'lajo]
hiel (de)	tacco (m)	['takko]

paar (een ~ schoenen)	paio (m)	['pajo]
veter (de)	laccio (m)	['latʃo]
rijgen (schoenen ~)	allacciare (vt)	[ala'tʃare]
schoenlepel (de)	calzascarpe (m)	[kaltsa'skarpe]
schoensmeer (de/het)	lucido (m) per le scarpe	['lutʃido per le 'skarpe]

31. Persoonlijke accessoires

handschoenen (mv.)	guanti (m pl)	['gwanti]
wanten (mv.)	manopole (f pl)	[ma'nopole]
sjaal (fleece ~)	sciarpa (f)	['ʃarpa]
bril (de)	occhiali (m pl)	[ok'kjali]
brilmontuur (het)	montatura (f)	[monta'tura]
paraplu (de)	ombrello (m)	[om'brello]
wandelstok (de)	bastone (m)	[ba'stone]
haarborstel (de)	spazzola (f) per capelli	['spattsola per ka'pelli]
waaier (de)	ventaglio (m)	[ven'taʎʎo]
das (de)	cravatta (f)	[kra'vatta]
strikje (het)	cravatta (f) a farfalla	[kra'vatta a far'falla]
bretels (mv.)	bretelle (f pl)	[bre'telle]
zakdoek (de)	fazzoletto (m)	[fattso'letto]
kam (de)	pettine (m)	['pettine]
haarspeldje (het)	fermaglio (m)	[fer'maʎʎo]
schuifspeldje (het)	forcina (f)	[for'tʃina]
gesp (de)	fibbia (f)	['fibbia]
broekriem (de)	cintura (f)	[tʃin'tura]
draagriem (de)	spallina (f)	[spal'lina]
handtas (de)	borsa (f)	['borsa]
damestas (de)	borsetta (f)	[bor'setta]
rugzak (de)	zaino (m)	['dzajno]

32. Kleding. Diversen

mode (de)	moda (f)	['moda]
de mode (bn)	di moda	[di 'moda]
kledingstilist (de)	stilista (m)	[sti'lista]
kraag (de)	collo (m)	['kollo]
zak (de)	tasca (f)	['taska]
zak- (abn)	tascabile	[ta'skabile]
mouw (de)	manica (f)	['manika]
lusje (het)	asola (f) per appendere	['azola per ap'pendere]
gulp (de)	patta (f)	['patta]
rits (de)	cerniera (f) lampo	[tʃer'njera 'lampo]
sluiting (de)	chiusura (f)	[kju'zura]
knoop (de)	bottone (m)	[bot'tone]

knoopsgat (het)	occhiello (m)	[ok'kjello]
losraken (bijv. knopen)	staccarsi (vr)	[stak'karsi]
naaien (kleren, enz.)	cucire (vi, vt)	[ku'tʃire]
borduren (ww)	ricamare (vi, vt)	[rika'mare]
borduursel (het)	ricamo (m)	[ri'kamo]
naald (de)	ago (m)	['ago]
draad (de)	filo (m)	['filo]
naad (de)	cucitura (f)	[kutʃi'tura]
vies worden (ww)	sporcarsi (vr)	[spor'karsi]
vlek (de)	macchia (f)	['makkia]
gekreukt raken (ov. kleren)	sgualcirsi (vr)	[zgwal'tʃirsi]
scheuren (ov.ww.)	strappare (vt)	[strap'pare]
mot (de)	tarma (f)	['tarma]

33. Persoonlijke verzorging. Schoonheidsmiddelen

tandpasta (de)	dentifricio (m)	[denti'fritʃo]
tandenborstel (de)	spazzolino (m) da denti	[spatso'lino da 'denti]
tanden poetsen (ww)	lavarsi i denti	[la'varsi i 'denti]
scheermes (het)	rasoio (m)	[ra'zojo]
scheerschuim (het)	crema (f) da barba	['krema da 'barba]
zich scheren (ww)	rasarsi (vr)	[ra'zarsi]
zeep (de)	sapone (m)	[sa'pone]
shampoo (de)	shampoo (m)	['ʃampo]
schaar (de)	forbici (f pl)	['forbitʃi]
nagelvijl (de)	limetta (f)	[li'metta]
nagelknipper (de)	tagliaunghie (m)	[taʎʎa'ungje]
pincet (het)	pinzette (f pl)	[pin'tsette]
cosmetica (mv.)	cosmetica (f)	[ko'zmetika]
masker (het)	maschera (f) di bellezza	['maskera di bel'lettsa]
manicure (de)	manicure (m)	[mani'kure]
manicure doen	fare la manicure	['fare la mani'kure]
pedicure (de)	pedicure (m)	[pedi'kure]
cosmetica tasje (het)	borsa (f) del trucco	['borsa del 'trukko]
poeder (de/het)	cipria (f)	['tʃipria]
poederdoos (de)	portacipria (m)	[porta·'tʃipria]
rouge (de)	fard (m)	[far]
parfum (de/het)	profumo (m)	[pro'fumo]
eau de toilet (de)	acqua (f) da toeletta	['akwa da toe'letta]
lotion (de)	lozione (f)	[lo'tsjone]
eau de cologne (de)	acqua (f) di Colonia	['akwa di ko'lonia]
oogschaduw (de)	ombretto (m)	[om'bretto]
oogpotlood (het)	eyeliner (m)	[aj'lajner]
mascara (de)	mascara (m)	[ma'skara]
lippenstift (de)	rossetto (m)	[ros'setto]

nagellak (de)	smalto (m)	['zmalto]
haarlak (de)	lacca (f) per capelli	['lakka per ka'pelli]
deodorant (de)	deodorante (m)	[deodo'rante]

crème (de)	crema (f)	['krema]
gezichtscrème (de)	crema (f) per il viso	['krema per il 'vizo]
handcrème (de)	crema (f) per le mani	['krema per le 'mani]
antirimpelcrème (de)	crema (f) antirughe	['krema anti'ruge]
dagcrème (de)	crema (f) da giorno	['krema da 'dʒorno]
nachtcrème (de)	crema (f) da notte	['krema da 'notte]
dag- (abn)	da giorno	[da 'dʒorno]
nacht- (abn)	da notte	[da 'notte]

tampon (de)	tampone (m)	[tam'pone]
toiletpapier (het)	carta (f) igienica	['karta i'dʒenika]
föhn (de)	fon (m)	[fon]

34. Horloges. Klokken

polshorloge (het)	orologio (m)	[oro'lodʒo]
wijzerplaat (de)	quadrante (m)	[kwa'drante]
wijzer (de)	lancetta (f)	[lan'tʃetta]
metalen horlogeband (de)	braccialetto (m)	[bratʃa'letto]
horlogebandje (het)	cinturino (m)	[tʃintu'rino]

batterij (de)	pila (f)	['pila]
leeg zijn (ww)	essere scarico	['essere 'skariko]
batterij vervangen	cambiare la pila	[kam'bjare la 'pila]
voorlopen (ww)	andare avanti	[an'dare a'vanti]
achterlopen (ww)	andare indietro	[an'dare in'djetro]

wandklok (de)	orologio (m) da muro	[oro'lodʒo da 'muro]
zandloper (de)	clessidra (f)	['klessidra]
zonnewijzer (de)	orologio (m) solare	[oro'lodʒo so'lare]
wekker (de)	sveglia (f)	['zveλλa]
horlogemaker (de)	orologiaio (m)	[orolo'dʒajo]
repareren (ww)	riparare (vt)	[ripa'rare]

Voedsel. Voeding

35. Voedsel

vlees (het)	carne (f)	['karne]
kip (de)	pollo (m)	['pollo]
kuiken (het)	pollo (m) novello	['pollo no'vello]
eend (de)	anatra (f)	['anatra]
gans (de)	oca (f)	['oka]
wild (het)	cacciagione (f)	[katʃa'dʒone]
kalkoen (de)	tacchino (m)	[tak'kino]
varkensvlees (het)	maiale (m)	[ma'jale]
kalfsvlees (het)	vitello (m)	[vi'tello]
schapenvlees (het)	agnello (m)	[a'ɲello]
rundvlees (het)	manzo (m)	['mandzo]
konijnenvlees (het)	coniglio (m)	[ko'niʎʎo]
worst (de)	salame (m)	[sa'lame]
saucijs (de)	würstel (m)	['vyrstel]
spek (het)	pancetta (f)	[pan'tʃetta]
ham (de)	prosciutto (m)	[pro'ʃutto]
gerookte achterham (de)	prosciutto (m) affumicato	[pro'ʃutto affumi'kato]
paté (de)	pâté (m)	[pa'te]
lever (de)	fegato (m)	['fegato]
gehakt (het)	carne (f) trita	['karne 'trita]
tong (de)	lingua (f)	['lingua]
ei (het)	uovo (m)	[u'ovo]
eieren (mv.)	uova (f pl)	[u'ova]
eiwit (het)	albume (m)	[al'bume]
eigeel (het)	tuorlo (m)	[tu'orlo]
vis (de)	pesce (m)	['peʃe]
zeevruchten (mv.)	frutti (m pl) di mare	['frutti di 'mare]
schaaldieren (mv.)	crostacei (m pl)	[kro'statʃei]
kaviaar (de)	caviale (m)	[ka'vjale]
krab (de)	granchio (m)	['graŋkio]
garnaal (de)	gamberetto (m)	[gambe'retto]
oester (de)	ostrica (f)	['ostrika]
langoest (de)	aragosta (f)	[ara'gosta]
octopus (de)	polpo (m)	['polpo]
inktvis (de)	calamaro (m)	[kala'maro]
steur (de)	storione (m)	[sto'rjone]
zalm (de)	salmone (m)	[sal'mone]
heilbot (de)	ippoglosso (m)	[ippo'glosso]
kabeljauw (de)	merluzzo (m)	[mer'luttso]

makreel (de)	scombro (m)	['skombro]
tonijn (de)	tonno (m)	['tonno]
paling (de)	anguilla (f)	[an'gwilla]
forel (de)	trota (f)	['trota]
sardine (de)	sardina (f)	[sar'dina]
snoek (de)	luccio (m)	['lutʃo]
haring (de)	aringa (f)	[a'ringa]
brood (het)	pane (m)	['pane]
kaas (de)	formaggio (m)	[for'madʒo]
suiker (de)	zucchero (m)	['dzukkero]
zout (het)	sale (m)	['sale]
rijst (de)	riso (m)	['rizo]
pasta (de)	pasta (f)	['pasta]
noedels (mv.)	tagliatelle (f pl)	[taʎʎa'telle]
boter (de)	burro (m)	['burro]
plantaardige olie (de)	olio (m) vegetale	['oljo vedʒe'tale]
zonnebloemolie (de)	olio (m) di girasole	['oljo di dʒira'sole]
margarine (de)	margarina (f)	[marga'rina]
olijven (mv.)	olive (f pl)	[o'live]
olijfolie (de)	olio (m) d'oliva	['oljo do'liva]
melk (de)	latte (m)	['latte]
gecondenseerde melk (de)	latte (m) condensato	['latte konden'sato]
yoghurt (de)	yogurt (m)	['jogurt]
zure room (de)	panna (f) acida	['panna 'atʃida]
room (de)	panna (f)	['panna]
mayonaise (de)	maionese (m)	[majo'neze]
crème (de)	crema (f)	['krema]
graan (het)	cereali (m pl)	[tʃere'ali]
meel (het), bloem (de)	farina (f)	[fa'rina]
conserven (mv.)	cibi (m pl) in scatola	['tʃibi in 'skatola]
maïsvlokken (mv.)	fiocchi (m pl) di mais	['fjokki di 'mais]
honing (de)	miele (m)	['mjele]
jam (de)	marmellata (f)	[marmel'lata]
kauwgom (de)	gomma (f) da masticare	['gomma da masti'kare]

36. Drankjes

water (het)	acqua (f)	['akwa]
drinkwater (het)	acqua (f) potabile	['akwa po'tabile]
mineraalwater (het)	acqua (f) minerale	['akwa mine'rale]
zonder gas	liscia, non gassata	['liʃa], [non gas'sata]
koolzuurhoudend (bn)	gassata	[gas'sata]
bruisend (bn)	frizzante	[frid'dzante]
ijs (het)	ghiaccio (m)	['gjatʃo]

met ijs	con ghiaccio	[kon 'gjatʃo]
alcohol vrij (bn)	analcolico	[anal'koliko]
alcohol vrije drank (de)	bevanda (f) analcolica	[be'vanda anal'kolika]
frisdrank (de)	bibita (f)	['bibita]
limonade (de)	limonata (f)	[limo'nata]
alcoholische dranken (mv.)	bevande (f pl) alcoliche	[be'vande al'kolike]
wijn (de)	vino (m)	['vino]
witte wijn (de)	vino (m) bianco	['vino 'bjanko]
rode wijn (de)	vino (m) rosso	['vino 'rosso]
likeur (de)	liquore (m)	[li'kwore]
champagne (de)	champagne (m)	[ʃam'paɲ]
vermout (de)	vermouth (m)	['vermut]
whisky (de)	whisky	['wiski]
wodka (de)	vodka (f)	['vodka]
gin (de)	gin (m)	[dʒin]
cognac (de)	cognac (m)	['koɲak]
rum (de)	rum (m)	[rum]
koffie (de)	caffè (m)	[kafˈfe]
zwarte koffie (de)	caffè (m) nero	[kafˈfe 'nero]
koffie (de) met melk	caffè latte (m)	[kafˈfe 'latte]
cappuccino (de)	cappuccino (m)	[kappu'tʃino]
oploskoffie (de)	caffè (m) solubile	[kafˈfe so'lubile]
melk (de)	latte (m)	['latte]
cocktail (de)	cocktail (m)	['koktejl]
milkshake (de)	frullato (m)	[frul'lato]
sap (het)	succo (m)	['sukko]
tomatensap (het)	succo (m) di pomodoro	['sukko di pomo'doro]
sinaasappelsap (het)	succo (m) d'arancia	['sukko da'rantʃa]
vers geperst sap (het)	spremuta (f)	[spre'muta]
bier (het)	birra (f)	['birra]
licht bier (het)	birra (f) chiara	['birra 'kjara]
donker bier (het)	birra (f) scura	['birra 'skura]
thee (de)	tè (m)	[te]
zwarte thee (de)	tè (m) nero	[te 'nero]
groene thee (de)	tè (m) verde	[te 'verde]

37. Groenten

groenten (mv.)	ortaggi (m pl)	[or'tadʒi]
verse kruiden (mv.)	verdura (f)	[ver'dura]
tomaat (de)	pomodoro (m)	[pomo'doro]
augurk (de)	cetriolo (m)	[tʃetri'olo]
wortel (de)	carota (f)	[ka'rota]
aardappel (de)	patata (f)	[pa'tata]
ui (de)	cipolla (f)	[tʃi'polla]

knoflook (de)	aglio (m)	['aʎʎo]
kool (de)	cavolo (m)	['kavolo]
bloemkool (de)	cavolfiore (m)	[kavol'fjore]
spruitkool (de)	cavoletti (m pl) di Bruxelles	[kavo'letti di bruk'sel]
broccoli (de)	broccolo (m)	['brokkolo]
rode biet (de)	barbabietola (f)	[barba'bjetola]
aubergine (de)	melanzana (f)	[melan'tsana]
courgette (de)	zucchina (f)	[dzuk'kina]
pompoen (de)	zucca (f)	['dzukka]
raap (de)	rapa (f)	['rapa]
peterselie (de)	prezzemolo (m)	[pret'tsemolo]
dille (de)	aneto (m)	[a'neto]
sla (de)	lattuga (f)	[lat'tuga]
selderij (de)	sedano (m)	['sedano]
asperge (de)	asparago (m)	[a'sparago]
spinazie (de)	spinaci (m pl)	[spi'natʃi]
erwt (de)	pisello (m)	[pi'zello]
bonen (mv.)	fave (f pl)	['fave]
maïs (de)	mais (m)	['mais]
nierboon (de)	fagiolo (m)	[fa'dʒolo]
peper (de)	peperone (m)	[pepe'rone]
radijs (de)	ravanello (m)	[rava'nello]
artisjok (de)	carciofo (m)	[kar'tʃofo]

38. Vruchten. Noten

vrucht (de)	frutto (m)	['frutto]
appel (de)	mela (f)	['mela]
peer (de)	pera (f)	['pera]
citroen (de)	limone (m)	[li'mone]
sinaasappel (de)	arancia (f)	[a'rantʃa]
aardbei (de)	fragola (f)	['fragola]
mandarijn (de)	mandarino (m)	[manda'rino]
pruim (de)	prugna (f)	['pruɲa]
perzik (de)	pesca (f)	['peska]
abrikoos (de)	albicocca (f)	[albi'kokka]
framboos (de)	lampone (m)	[lam'pone]
ananas (de)	ananas (m)	[ana'nas]
banaan (de)	banana (f)	[ba'nana]
watermeloen (de)	anguria (f)	[an'guria]
druif (de)	uva (f)	['uva]
zure kers (de)	amarena (f)	[ama'rena]
zoete kers (de)	ciliegia (f)	[tʃi'ljedʒa]
meloen (de)	melone (m)	[me'lone]
grapefruit (de)	pompelmo (m)	[pom'pelmo]
avocado (de)	avocado (m)	[avo'kado]
papaja (de)	papaia (f)	[pa'paja]

mango (de)	mango (m)	['mango]
granaatappel (de)	melagrana (f)	[mela'grana]

rode bes (de)	ribes (m) rosso	['ribes 'rosso]
zwarte bes (de)	ribes (m) nero	['ribes 'nero]
kruisbes (de)	uva (f) spina	['uva 'spina]
blauwe bosbes (de)	mirtillo (m)	[mir'tillo]
braambes (de)	mora (f)	['mora]

rozijn (de)	uvetta (f)	[u'vetta]
vijg (de)	fico (m)	['fiko]
dadel (de)	dattero (m)	['dattero]

pinda (de)	arachide (f)	[a'rakide]
amandel (de)	mandorla (f)	['mandorla]
walnoot (de)	noce (f)	['notʃe]
hazelnoot (de)	nocciola (f)	[no'tʃola]
kokosnoot (de)	noce (f) di cocco	['notʃe di 'kokko]
pistaches (mv.)	pistacchi (m pl)	[pi'stakki]

39. Brood. Snoep

suikerbakkerij (de)	pasticceria (f)	[pastitʃe'ria]
brood (het)	pane (m)	['pane]
koekje (het)	biscotti (m pl)	[bi'skotti]

chocolade (de)	cioccolato (m)	[tʃokko'lato]
chocolade- (abn)	al cioccolato	[al tʃokko'lato]
snoepje (het)	caramella (f)	[kara'mella]
cakeje (het)	tortina (f)	[tor'tina]
taart (bijv. verjaardags~)	torta (f)	['torta]

pastei (de)	crostata (f)	[kro'stata]
vulling (de)	ripieno (m)	[ri'pjeno]

confituur (de)	marmellata (f)	[marmel'lata]
marmelade (de)	marmellata (f) di agrumi	[marmel'lata di a'grumi]
wafel (de)	wafer (m)	['vafer]
ijsje (het)	gelato (m)	[dʒe'lato]
pudding (de)	budino (m)	[bu'dino]

40. Bereide gerechten

gerecht (het)	piatto (m)	['pjatto]
keuken (bijv. Franse ~)	cucina (f)	[ku'tʃina]
recept (het)	ricetta (f)	[ri'tʃetta]
portie (de)	porzione (f)	[por'tsjone]

salade (de)	insalata (f)	[insa'lata]
soep (de)	minestra (f)	[mi'nestra]
bouillon (de)	brodo (m)	['brodo]
boterham (de)	panino (m)	[pa'nino]

spiegelei (het)	uova (f pl) al tegamino	[u'ova al tega'mino]
hamburger (de)	hamburger (m)	[am'burger]
biefstuk (de)	bistecca (f)	[bi'stekka]
garnering (de)	contorno (m)	[kon'torno]
spaghetti (de)	spaghetti (m pl)	[spa'getti]
aardappelpuree (de)	purè (m) di patate	[pu're di pa'tate]
pizza (de)	pizza (f)	['pittsa]
pap (de)	porridge (m)	[por'ridʒe]
omelet (de)	frittata (f)	[frit'tata]
gekookt (in water)	bollito	[bol'lito]
gerookt (bn)	affumicato	[affumi'kato]
gebakken (bn)	fritto	['fritto]
gedroogd (bn)	secco	['sekko]
diepvries (bn)	congelato	[kondʒe'lato]
gemarineerd (bn)	sottoaceto	[sottoa'tʃeto]
zoet (bn)	dolce	['doltʃe]
gezouten (bn)	salato	[sa'lato]
koud (bn)	freddo	['freddo]
heet (bn)	caldo	['kaldo]
bitter (bn)	amaro	[a'maro]
lekker (bn)	buono, gustoso	[bu'ono], [gu'stozo]
koken (in kokend water)	cuocere, preparare (vt)	[ku'otʃere], [prepa'rare]
bereiden (avondmaaltijd ~)	cucinare (vi)	[kutʃi'nare]
bakken (ww)	friggere (vt)	['fridʒere]
opwarmen (ww)	riscaldare (vt)	[riskal'dare]
zouten (ww)	salare (vt)	[sa'lare]
peperen (ww)	pepare (vt)	[pe'pare]
raspen (ww)	grattugiare (vt)	[grattu'dʒare]
schil (de)	buccia (f)	['butʃa]
schillen (ww)	sbucciare (vt)	[zbu'tʃare]

41. Kruiden

zout (het)	sale (m)	['sale]
gezouten (bn)	salato	[sa'lato]
zouten (ww)	salare (vt)	[sa'lare]
zwarte peper (de)	pepe (m) nero	['pepe 'nero]
rode peper (de)	peperoncino (m)	[peperon'tʃino]
mosterd (de)	senape (f)	[se'nape]
mierikswortel (de)	cren (m)	['kren]
condiment (het)	condimento (m)	[kondi'mento]
specerij, kruiderij (de)	spezie (f pl)	['spetsie]
saus (de)	salsa (f)	['salsa]
azijn (de)	aceto (m)	[a'tʃeto]
anijs (de)	anice (m)	['anitʃe]
basilicum (de)	basilico (m)	[ba'ziliko]

kruidnagel (de)	chiodi (m pl) di garofano	['kjodi di ga'rofano]
gember (de)	zenzero (m)	['dzendzero]
koriander (de)	coriandolo (m)	[kori'andolo]
kaneel (de/het)	cannella (f)	[kan'nella]
sesamzaad (het)	sesamo (m)	[sezamo]
laurierblad (het)	alloro (m)	[al'loro]
paprika (de)	paprica (f)	['paprika]
komijn (de)	cumino, comino (m)	[ku'mino], [ko'mino]
saffraan (de)	zafferano (m)	[dzaffe'rano]

42. Maaltijden

eten (het)	cibo (m)	['tʃibo]
eten (ww)	mangiare (vi, vt)	[man'dʒare]
ontbijt (het)	colazione (f)	[kola'tsjone]
ontbijten (ww)	fare colazione	['fare kola'tsjone]
lunch (de)	pranzo (m)	['prantso]
lunchen (ww)	pranzare (vi)	[pran'tsare]
avondeten (het)	cena (f)	['tʃena]
souperen (ww)	cenare (vi)	[tʃe'nare]
eetlust (de)	appetito (m)	[appe'tito]
Eet smakelijk!	Buon appetito!	[bu'on appe'tito]
openen (een fles ~)	aprire (vt)	[a'prire]
morsen (koffie, enz.)	rovesciare (vt)	[rove'ʃare]
zijn gemorst	rovesciarsi (vi)	[rove'ʃarsi]
koken (water kookt bij 100°C)	bollire (vi)	[bol'lire]
koken (Hoe om water te ~)	far bollire	[far bol'lire]
gekookt (~ water)	bollito	[bol'lito]
afkoelen (koeler maken)	raffreddare (vt)	[raffred'dare]
afkoelen (koeler worden)	raffreddarsi (vr)	[raffred'darsi]
smaak (de)	gusto (m)	['gusto]
nasmaak (de)	retrogusto (m)	[retro'gusto]
volgen een dieet	essere a dieta	['essere a di'eta]
dieet (het)	dieta (f)	[di'eta]
vitamine (de)	vitamina (f)	[vita'mina]
calorie (de)	caloria (f)	[kalo'ria]
vegetariër (de)	vegetariano (m)	[vedʒeta'rjano]
vegetarisch (bn)	vegetariano	[vedʒeta'rjano]
vetten (mv.)	grassi (m pl)	['grassi]
eiwitten (mv.)	proteine (f pl)	[prote'ine]
koolhydraten (mv.)	carboidrati (m pl)	[karboi'drati]
snede (de)	fetta (f), fettina (f)	['fetta], [fet'tina]
stuk (bijv. een ~ taart)	pezzo (m)	['pettso]
kruimel (de)	briciola (f)	['britʃola]

43. Tafelschikking

lepel (de)	cucchiaio (m)	[kuk'kjajo]
mes (het)	coltello (m)	[kol'tello]
vork (de)	forchetta (f)	[for'ketta]
kopje (het)	tazza (f)	['tattsa]
bord (het)	piatto (m)	['pjatto]
schoteltje (het)	piattino (m)	[pjat'tino]
servet (het)	tovagliolo (m)	[tovaʎ'ʎolo]
tandenstoker (de)	stuzzicadenti (m)	[stuttsika'denti]

44. Restaurant

restaurant (het)	ristorante (m)	[risto'rante]
koffiehuis (het)	caffè (m)	[kaf'fe]
bar (de)	pub (m), bar (m)	[pab], [bar]
tearoom (de)	sala (f) da tè	['sala da 'te]
kelner, ober (de)	cameriere (m)	[kame'rjere]
serveerster (de)	cameriera (f)	[kame'rjera]
barman (de)	barista (m)	[ba'rista]
menu (het)	menù (m)	[me'nu]
wijnkaart (de)	lista (f) dei vini	['lista 'dei 'vini]
een tafel reserveren	prenotare un tavolo	[preno'tare un 'tavolo]
gerecht (het)	piatto (m)	['pjatto]
bestellen (eten ~)	ordinare (vt)	[ordi'nare]
een bestelling maken	fare un'ordinazione	['fare unordina'tsjone]
aperitief (de/het)	aperitivo (m)	[aperi'tivo]
voorgerecht (het)	antipasto (m)	[anti'pasto]
dessert (het)	dolce (m)	['doltʃe]
rekening (de)	conto (m)	['konto]
de rekening betalen	pagare il conto	[pa'gare il 'konto]
wisselgeld teruggeven	dare il resto	['dare il 'resto]
fooi (de)	mancia (f)	['mantʃa]

Familie, verwanten en vrienden

45. Persoonlijke informatie. Formulieren

naam (de)	nome (m)	['nome]
achternaam (de)	cognome (m)	[ko'ɲome]
geboortedatum (de)	data (f) di nascita	['data di 'naʃita]
geboorteplaats (de)	luogo (m) di nascita	[lu'ogo di 'naʃita]
nationaliteit (de)	nazionalità (f)	[natsjonali'ta]
woonplaats (de)	domicilio (m)	[domi'tʃilio]
land (het)	paese (m)	[pa'eze]
beroep (het)	professione (f)	[profes'sjone]
geslacht (ov. het vrouwelijk ~)	sesso (m)	['sesso]
lengte (de)	statura (f)	[sta'tura]
gewicht (het)	peso (m)	['pezo]

46. Familieleden. Verwanten

moeder (de)	madre (f)	['madre]
vader (de)	padre (m)	['padre]
zoon (de)	figlio (m)	['fiʎʎo]
dochter (de)	figlia (f)	['fiʎʎa]
jongste dochter (de)	figlia (f) minore	['fiʎʎa mi'nore]
jongste zoon (de)	figlio (m) minore	['fiʎʎo mi'nore]
oudste dochter (de)	figlia (f) maggiore	['fiʎʎa ma'dʒore]
oudste zoon (de)	figlio (m) maggiore	['fiʎʎo ma'dʒore]
broer (de)	fratello (m)	[fra'tello]
zuster (de)	sorella (f)	[so'rella]
neef (zoon van oom, tante)	cugino (m)	[ku'dʒino]
nicht (dochter van oom, tante)	cugina (f)	[ku'dʒina]
mama (de)	mamma (f)	['mamma]
papa (de)	papà (m)	[pa'pa]
ouders (mv.)	genitori (m pl)	[dʒeni'tori]
kind (het)	bambino (m)	[bam'bino]
kinderen (mv.)	bambini (m pl)	[bam'bini]
oma (de)	nonna (f)	['nonna]
opa (de)	nonno (m)	['nonno]
kleinzoon (de)	nipote (m)	[ni'pote]
kleindochter (de)	nipote (f)	[ni'pote]
kleinkinderen (mv.)	nipoti (pl)	[ni'poti]

oom (de)	zio (m)	['tsio]
tante (de)	zia (f)	['tsia]
neef (zoon van broer, zus)	nipote (m)	[ni'pote]
nicht (dochter van broer, zus)	nipote (f)	[ni'pote]
schoonmoeder (de)	suocera (f)	[su'otʃera]
schoonvader (de)	suocero (m)	[su'otʃero]
schoonzoon (de)	genero (m)	['dʒenero]
stiefmoeder (de)	matrigna (f)	[ma'triɲa]
stiefvader (de)	patrigno (m)	[pa'triɲo]
zuigeling (de)	neonato (m)	[neo'nato]
wiegenkind (het)	infante (m)	[in'fante]
kleuter (de)	bimbo (m)	['bimbo]
vrouw (de)	moglie (f)	['moʎʎe]
man (de)	marito (m)	[ma'rito]
echtgenoot (de)	coniuge (m)	['konjudʒe]
echtgenote (de)	coniuge (f)	['konjudʒe]
gehuwd (mann.)	sposato	[spo'zato]
gehuwd (vrouw.)	sposata	[spo'zata]
ongehuwd (mann.)	celibe	['tʃelibe]
vrijgezel (de)	scapolo (m)	['skapolo]
gescheiden (bn)	divorziato	[divortsi'ato]
weduwe (de)	vedova (f)	['vedova]
weduwnaar (de)	vedovo (m)	['vedovo]
familielid (het)	parente (m)	[pa'rente]
dichte familielid (het)	parente (m) stretto	[pa'rente 'stretto]
verre familielid (het)	parente (m) lontano	[pa'rente lon'tano]
familieleden (mv.)	parenti (m pl)	[pa'renti]
voogd (de)	tutore (m)	[tu'tore]
adopteren (een jongen te ~)	adottare (vt)	[adot'tare]
adopteren (een meisje te ~)	adottare (vt)	[adot'tare]

Geneeskunde

47. Ziekten

ziekte (de)	malattia (f)	[malat'tia]
ziek zijn (ww)	essere malato	['essere ma'lato]
gezondheid (de)	salute (f)	[sa'lute]
snotneus (de)	raffreddore (m)	[raffred'dore]
angina (de)	tonsillite (f)	[tonsil'lite]
verkoudheid (de)	raffreddore (m)	[raffred'dore]
verkouden raken (ww)	raffreddarsi (vr)	[raffred'darsi]
bronchitis (de)	bronchite (f)	[bron'kite]
longontsteking (de)	polmonite (f)	[polmo'nite]
griep (de)	influenza (f)	[influ'entsa]
bijziend (bn)	miope	['miope]
verziend (bn)	presbite	['prezbite]
scheelheid (de)	strabismo (m)	[stra'bizmo]
scheel (bn)	strabico	['strabiko]
grauwe staar (de)	cateratta (f)	[kate'ratta]
glaucoom (het)	glaucoma (m)	[glau'koma]
beroerte (de)	ictus (m) cerebrale	['iktus tʃere'brale]
hartinfarct (het)	attacco (m) di cuore	[at'tako di ku'ore]
myocardiaal infarct (het)	infarto (m) miocardico	[in'farto miokar'diko]
verlamming (de)	paralisi (f)	[pa'ralizi]
verlammen (ww)	paralizzare (vt)	[paralid'dzare]
allergie (de)	allergia (f)	[aller'dʒia]
astma (de/het)	asma (f)	['azma]
diabetes (de)	diabete (m)	[dia'bete]
tandpijn (de)	mal (m) di denti	[mal di 'denti]
tandbederf (het)	carie (f)	['karie]
diarree (de)	diarrea (f)	[diar'rea]
constipatie (de)	stitichezza (f)	[stiti'kettsa]
maagstoornis (de)	disturbo (m) gastrico	[di'sturbo 'gastriko]
voedselvergiftiging (de)	intossicazione (f) alimentare	[intossika'tsjone alimen'tare]
voedselvergiftiging oplopen	intossicarsi (vr)	[intossi'karsi]
artritis (de)	artrite (f)	[ar'trite]
rachitis (de)	rachitide (f)	[ra'kitide]
reuma (het)	reumatismo (m)	[reuma'tizmo]
arteriosclerose (de)	aterosclerosi (f)	[ateroskle'rozi]
gastritis (de)	gastrite (f)	[ga'strite]
blindedarmontsteking (de)	appendicite (f)	[appendi'tʃite]

galblaasontsteking (de)	colecistite (f)	[koletʃi'stite]
zweer (de)	ulcera (f)	['ultʃera]
mazelen (mv.)	morbillo (m)	[mor'billo]
rodehond (de)	rosolia (f)	[rozo'lia]
geelzucht (de)	itterizia (f)	[itte'ritsia]
leverontsteking (de)	epatite (f)	[epa'tite]
schizofrenie (de)	schizofrenia (f)	[skidzofre'nia]
dolheid (de)	rabbia (f)	['rabbia]
neurose (de)	nevrosi (f)	[ne'vrozi]
hersenschudding (de)	commozione (f) cerebrale	[kommo'tsjone tʃere'brale]
kanker (de)	cancro (m)	['kankro]
sclerose (de)	sclerosi (f)	[skle'rozi]
multiple sclerose (de)	sclerosi (f) multipla	[skle'rozi 'multipla]
alcoholisme (het)	alcolismo (m)	[alko'lizmo]
alcoholicus (de)	alcolizzato (m)	[alkolid'dzato]
syfilis (de)	sifilide (f)	[si'filide]
AIDS (de)	AIDS (m)	['aids]
tumor (de)	tumore (m)	[tu'more]
kwaadaardig (bn)	maligno	[ma'liɲo]
goedaardig (bn)	benigno	[be'niɲo]
koorts (de)	febbre (f)	['febbre]
malaria (de)	malaria (f)	[ma'laria]
gangreen (het)	cancrena (f)	[kan'krena]
zeeziekte (de)	mal (m) di mare	[mal di 'mare]
epilepsie (de)	epilessia (f)	[epiles'sia]
epidemie (de)	epidemia (f)	[epide'mia]
tyfus (de)	tifo (m)	['tifo]
tuberculose (de)	tubercolosi (f)	[tuberko'lozi]
cholera (de)	colera (m)	[ko'lera]
pest (de)	peste (f)	['peste]

48. Symptomen. Behandelingen. Deel 1

symptoom (het)	sintomo (m)	['sintomo]
temperatuur (de)	temperatura (f)	[tempera'tura]
verhoogde temperatuur (de)	febbre (f) alta	['febbre 'alta]
polsslag (de)	polso (m)	['polso]
duizeling (de)	capogiro (m)	[kapo'dʒiro]
heet (erg warm)	caldo	['kaldo]
koude rillingen (mv.)	brivido (m)	['brivido]
bleek (bn)	pallido	['pallido]
hoest (de)	tosse (f)	['tosse]
hoesten (ww)	tossire (vi)	[tos'sire]
niezen (ww)	starnutire (vi)	[starnu'tire]
flauwte (de)	svenimento (m)	[zveni'mento]
flauwvallen (ww)	svenire (vi)	[zve'nire]

blauwe plek (de)	livido (m)	['livido]
buil (de)	bernoccolo (m)	[ber'nokkolo]
zich stoten (ww)	farsi un livido	['farsi un 'livido]
kneuzing (de)	contusione (f)	[kontu'zjone]
kneuzen (gekneusd zijn)	farsi male	['farsi 'male]

hinken (ww)	zoppicare (vi)	[ʣoppi'kare]
verstuiking (de)	slogatura (f)	[zloga'tura]
verstuiken (enkel, enz.)	slogarsi (vr)	[zlo'garsi]
breuk (de)	frattura (f)	[frat'tura]
een breuk oplopen	fratturarsi (vr)	[frattu'rarsi]

snijwond (de)	taglio (m)	['taʎʎo]
zich snijden (ww)	tagliarsi (vr)	[taʎ'ʎarsi]
bloeding (de)	emorragia (f)	[emorra'ʤia]

| brandwond (de) | scottatura (f) | [skotta'tura] |
| zich branden (ww) | scottarsi (vr) | [skot'tarsi] |

prikken (ww)	pungere (vt)	['punʤere]
zich prikken (ww)	pungersi (vr)	['punʤersi]
blesseren (ww)	ferire (vt)	[fe'rire]
blessure (letsel)	ferita (f)	[fe'rita]
wond (de)	lesione (f)	[le'zjone]
trauma (het)	trauma (m)	['trauma]

ijlen (ww)	delirare (vi)	[deli'rare]
stotteren (ww)	tartagliare (vi)	[tartaʎ'ʎare]
zonnesteek (de)	colpo (m) di sole	['kolpo di 'sole]

49. Symptomen. Behandelingen. Deel 2

| pijn (de) | dolore (m), male (m) | [do'lore], ['male] |
| splinter (de) | scheggia (f) | ['skeʤa] |

zweet (het)	sudore (m)	[su'dore]
zweten (ww)	sudare (vi)	[su'dare]
braking (de)	vomito (m)	['vomito]
stuiptrekkingen (mv.)	convulsioni (f pl)	[konvul'sjoni]

zwanger (bn)	incinta	[in'tʃinta]
geboren worden (ww)	nascere (vi)	['naʃere]
geboorte (de)	parto (m)	['parto]
baren (ww)	essere in travaglio	['essere in tra'vaʎʎo]
abortus (de)	aborto (m)	[a'borto]

ademhaling (de)	respirazione (f)	[respira'tsjone]
inademing (de)	inspirazione (f)	[inspira'tsjone]
uitademing (de)	espirazione (f)	[espira'tsjone]
uitademen (ww)	espirare (vi)	[espi'rare]
inademen (ww)	inspirare (vi)	[inspi'rare]

| invalide (de) | invalido (m) | [in'valido] |
| gehandicapte (de) | storpio (m) | ['storpjo] |

drugsverslaafde (de)	battaglia (f)	[bat'taʎʎa]
doof (bn)	sordo	['sordo]
stom (bn)	muto	['muto]
doofstom (bn)	sordomuto	[sordo'muto]
krankzinnig (bn)	matto	['matto]
krankzinnige (man)	matto (m)	['matto]
krankzinnige (vrouw)	matta (f)	['matta]
krankzinnig worden	impazzire (vi)	[impat'tsire]
gen (het)	gene (m)	['dʒene]
immuniteit (de)	immunità (f)	[immuni'ta]
erfelijk (bn)	ereditario	[eredi'tario]
aangeboren (bn)	innato	[in'nato]
virus (het)	virus (m)	['virus]
microbe (de)	microbo (m)	['mikrobo]
bacterie (de)	batterio (m)	[bat'terio]
infectie (de)	infezione (f)	[infe'tsjone]

50. Symptomen. Behandelingen. Deel 3

ziekenhuis (het)	ospedale (m)	[ospe'dale]
patiënt (de)	paziente (m)	[pa'tsjente]
diagnose (de)	diagnosi (f)	[di'aɲozi]
genezing (de)	cura (f)	['kura]
medische behandeling (de)	trattamento (m)	[tratta'mento]
onder behandeling zijn	curarsi (vr)	[ku'rarsi]
behandelen (ww)	curare (vt)	[ku'rare]
zorgen (zieken ~)	accudire	[akku'dire]
ziekenzorg (de)	assistenza (f)	[assi'stentsa]
operatie (de)	operazione (f)	[opera'tsjone]
verbinden (een arm ~)	bendare (vt)	[ben'dare]
verband (het)	fasciatura (f)	[faʃa'tura]
vaccin (het)	vaccinazione (f)	[vatʃina'tsjone]
inenten (vaccineren)	vaccinare (vt)	[vatʃi'nare]
injectie (de)	iniezione (f)	[inje'tsjone]
een injectie geven	fare una puntura	['fare 'una pun'tura]
aanval (de)	attacco (m)	[at'takko]
amputatie (de)	amputazione (f)	[amputa'tsjone]
amputeren (ww)	amputare (vt)	[ampu'tare]
coma (het)	coma (m)	['koma]
in coma liggen	essere in coma	['essere in 'koma]
intensieve zorg, ICU (de)	rianimazione (f)	[rianima'tsjone]
zich herstellen (ww)	guarire (vi)	[gwa'rire]
toestand (de)	stato (f)	['stato]
bewustzijn (het)	conoscenza (f)	[kono'ʃentsa]
geheugen (het)	memoria (f)	[me'moria]
trekken (een kies ~)	estrarre (vt)	[e'strarre]

| vulling (de) | otturazione (f) | [ottura'tsjone] |
| vullen (ww) | otturare (vt) | [ottu'rare] |

| hypnose (de) | ipnosi (f) | [ip'nozi] |
| hypnotiseren (ww) | ipnotizzare (vt) | [ipnotid'dzare] |

51. Artsen

dokter, arts (de)	medico (m)	['mediko]
ziekenzuster (de)	infermiera (f)	[infer'mjera]
lijfarts (de)	medico (m) personale	['mediko perso'nale]

tandarts (de)	dentista (m)	[den'tista]
oogarts (de)	oculista (m)	[oku'lista]
therapeut (de)	internista (m)	[inter'nista]
chirurg (de)	chirurgo (m)	[ki'rurgo]

psychiater (de)	psichiatra (m)	[psiki'atra]
pediater (de)	pediatra (m)	[pedi'atra]
psycholoog (de)	psicologo (m)	[psi'kologo]
gynaecoloog (de)	ginecologo (m)	[dʒine'kologo]
cardioloog (de)	cardiologo (m)	[kar'djologo]

52. Geneeskunde. Medicijnen. Accessoires

geneesmiddel (het)	medicina (f)	[medi'tʃina]
middel (het)	rimedio (m)	[ri'medio]
voorschrijven (ww)	prescrivere (vt)	[pres'krivere]
recept (het)	prescrizione (f)	[preskri'tsjone]

tablet (de/het)	compressa (f)	[kom'pressa]
zalf (de)	unguento (m)	[un'gwento]
ampul (de)	fiala (f)	[fi'ala]
drank (de)	pozione (f)	[po'tsjone]
siroop (de)	sciroppo (m)	[ʃi'roppo]
pil (de)	pillola (f)	['pillola]
poeder (de/het)	polverina (f)	[polve'rina]

verband (het)	benda (f)	['benda]
watten (mv.)	ovatta (f)	[o'vatta]
jodium (het)	iodio (m)	[i'odio]

pleister (de)	cerotto (m)	[tʃe'rotto]
pipet (de)	contagocce (m)	[konta'gotʃe]
thermometer (de)	termometro (m)	[ter'mometro]
spuit (de)	siringa (f)	[si'ringa]

| rolstoel (de) | sedia (f) a rotelle | ['sedia a ro'telle] |
| krukken (mv.) | stampelle (f pl) | [stam'pelle] |

| pijnstiller (de) | analgesico (m) | [anal'dʒeziko] |
| laxeermiddel (het) | lassativo (m) | [lassa'tivo] |

spiritus (de)	alcol (m)	[al'kol]
medicinale kruiden (mv.)	erba (f) officinale	['erba offitʃi'nale]
kruiden- (abn)	d'erbe	['derbe]

HET MENSELIJKE LEEFGEBIED

Stad

53. Stad. Het leven in de stad

stad (de)	città (f)	[tʃit'ta]
hoofdstad (de)	capitale (f)	[kapi'tale]
dorp (het)	villaggio (m)	[vil'ladʒo]
plattegrond (de)	mappa (f) della città	['mappa 'della tʃit'ta]
centrum (ov. een stad)	centro (m) della città	['tʃentro 'della tʃit'ta]
voorstad (de)	sobborgo (m)	[sob'borgo]
voorstads- (abn)	suburbano	[subur'bano]
randgemeente (de)	periferia (f)	[perife'ria]
omgeving (de)	dintorni (m pl)	[din'torni]
blok (huizenblok)	isolato (m)	[izo'lato]
woonwijk (de)	quartiere (m) residenziale	[kwar'tjere reziden'tsjale]
verkeer (het)	traffico (m)	['traffiko]
verkeerslicht (het)	semaforo (m)	[se'maforo]
openbaar vervoer (het)	trasporti (m pl) urbani	[tras'porti ur'bani]
kruispunt (het)	incrocio (m)	[in'krotʃo]
zebrapad (oversteekplaats)	passaggio (m) pedonale	[pas'sadʒo pedo'nale]
onderdoorgang (de)	sottopassaggio (m)	[sotto·pas'sadʒo]
oversteken (de straat ~)	attraversare (vt)	[attraver'sare]
voetganger (de)	pedone (m)	[pe'done]
trottoir (het)	marciapiede (m)	[martʃa'pjede]
brug (de)	ponte (m)	['ponte]
dijk (de)	banchina (f)	[baŋ'kina]
fontein (de)	fontana (f)	[fon'tana]
allee (de)	vialetto (m)	[via'letto]
park (het)	parco (m)	['parko]
boulevard (de)	boulevard (m)	[bul'var]
plein (het)	piazza (f)	['pjattsa]
laan (de)	viale (m), corso (m)	[vi'ale], ['korso]
straat (de)	via (f), strada (f)	['via], ['strada]
zijstraat (de)	vicolo (m)	['vikolo]
doodlopende straat (de)	vicolo (m) cieco	['vikolo 'tʃjeko]
huis (het)	casa (f)	['kaza]
gebouw (het)	edificio (m)	[edi'fitʃo]
wolkenkrabber (de)	grattacielo (m)	[gratta'tʃelo]
gevel (de)	facciata (f)	[fa'tʃata]
dak (het)	tetto (m)	['tetto]

venster (het)	finestra (f)	[fi'nestra]
boog (de)	arco (m)	['arko]
pilaar (de)	colonna (f)	[ko'lonna]
hoek (ov. een gebouw)	angolo (m)	['angolo]
vitrine (de)	vetrina (f)	[ve'trina]
gevelreclame (de)	insegna (f)	[in'seɲa]
affiche (de/het)	cartellone (m)	[kartel'lone]
reclameposter (de)	cartellone (m) pubblicitario	[kartel'lone pubbliʧi'tario]
aanplakbord (het)	tabellone (m) pubblicitario	[tabel'lone pubbliʧi'tario]
vuilnis (de/het)	pattume (m), spazzatura (f)	[pat'tume], [spattsa'tura]
vuilnisbak (de)	pattumiera (f)	[pattu'mjera]
afval weggooien (ww)	sporcare (vi)	[spor'kare]
stortplaats (de)	discarica (f) di rifiuti	[dis'karika di ri'fjuti]
telefooncel (de)	cabina (f) telefonica	[ka'bina tele'fonika]
straatlicht (het)	lampione (m)	[lam'pjone]
bank (de)	panchina (f)	[paŋ'kina]
politieagent (de)	poliziotto (m)	[poli'tsjotto]
politie (de)	polizia (f)	[poli'tsia]
zwerver (de)	mendicante (m)	[mendi'kante]
dakloze (de)	barbone (m)	[bar'bone]

54. Stedelijke instellingen

winkel (de)	negozio (m)	[ne'gotsio]
apotheek (de)	farmacia (f)	[farma'ʧia]
optiek (de)	ottica (f)	['ottika]
winkelcentrum (het)	centro (m) commerciale	['ʧentro kommer'ʧale]
supermarkt (de)	supermercato (m)	[supermer'kato]
bakkerij (de)	panetteria (f)	[panette'ria]
bakker (de)	fornaio (m)	[for'najo]
banketbakkerij (de)	pasticceria (f)	[pastiʧe'ria]
kruidenier (de)	drogheria (f)	[droge'ria]
slagerij (de)	macelleria (f)	[maʧelle'ria]
groentewinkel (de)	fruttivendolo (m)	[frutti'vendolo]
markt (de)	mercato (m)	[mer'kato]
koffiehuis (het)	caffè (m)	[kaf'fe]
restaurant (het)	ristorante (m)	[risto'rante]
bar (de)	birreria (f), pub (m)	[birre'ria], [pab]
pizzeria (de)	pizzeria (f)	[pittse'ria]
kapperssalon (de/het)	salone (m) di parrucchiere	[sa'lone di parruk'kjere]
postkantoor (het)	ufficio (m) postale	[uf'fiʧo po'stale]
stomerij (de)	lavanderia (f) a secco	[lavande'ria a 'sekko]
fotostudio (de)	studio (m) fotografico	['studio foto'grafiko]
schoenwinkel (de)	negozio (m) di scarpe	[ne'gotsio di 'skarpe]
boekhandel (de)	libreria (f)	[libre'ria]

sportwinkel (de)	negozio (m) sportivo	[ne'gotsio spor'tivo]
kledingreparatie (de)	riparazione (f) di abiti	[ripara'tsjone di 'abiti]
kledingverhuur (de)	noleggio (m) di abiti	[no'ledʒo di 'abiti]
videotheek (de)	noleggio (m) di film	[no'ledʒo di film]
circus (de/het)	circo (m)	['tʃirko]
dierentuin (de)	zoo (m)	['dzoo]
bioscoop (de)	cinema (m)	['tʃinema]
museum (het)	museo (m)	[mu'zeo]
bibliotheek (de)	biblioteca (f)	[biblio'teka]
theater (het)	teatro (m)	[te'atro]
opera (de)	teatro (m) dell'opera	[te'atro dell 'opera]
nachtclub (de)	locale notturno (m)	[lo'kale not'turno]
casino (het)	casinò (m)	[kazi'no]
moskee (de)	moschea (f)	[mos'kea]
synagoge (de)	sinagoga (f)	[sina'goga]
kathedraal (de)	cattedrale (f)	[katte'drale]
tempel (de)	tempio (m)	['tempjo]
kerk (de)	chiesa (f)	['kjeza]
instituut (het)	istituto (m)	[isti'tuto]
universiteit (de)	università (f)	[universi'ta]
school (de)	scuola (f)	['skwola]
gemeentehuis (het)	prefettura (f)	[prefet'tura]
stadhuis (het)	municipio (m)	[muni'tʃipio]
hotel (het)	albergo (m)	[al'bergo]
bank (de)	banca (f)	['banka]
ambassade (de)	ambasciata (f)	[amba'ʃata]
reisbureau (het)	agenzia (f) di viaggi	[adʒen'tsia di 'vjadʒi]
informatieloket (het)	ufficio (m) informazioni	[uf'fitʃo informa'tsjoni]
wisselkantoor (het)	ufficio (m) dei cambi	[uf'fitʃo dei 'kambi]
metro (de)	metropolitana (f)	[metropoli'tana]
ziekenhuis (het)	ospedale (m)	[ospe'dale]
benzinestation (het)	distributore (m) di benzina	[distribu'tore di ben'dzina]
parking (de)	parcheggio (m)	[par'kedʒo]

55. Borden

gevelreclame (de)	insegna (f)	[in'seɲa]
opschrift (het)	iscrizione (f)	[iskri'tsjone]
poster (de)	cartellone (m)	[kartel'lone]
wegwijzer (de)	segnale (m) di direzione	[se'ɲale di dire'tsjone]
pijl (de)	freccia (f)	['fretʃa]
waarschuwing (verwittiging)	avvertimento (m)	[avverti'mento]
waarschuwingsbord (het)	avvertimento (m)	[avverti'mento]
waarschuwen (ww)	avvertire (vt)	[avver'tire]
vrije dag (de)	giorno (m) di riposo	['dʒorno di ri'pozo]

dienstregeling (de)	orario (m)	[o'rario]
openingsuren (mv.)	orario (m) di apertura	[o'rario di aper'tura]
WELKOM!	BENVENUTI!	[benve'nuti]
INGANG	ENTRATA	[en'trata]
UITGANG	USCITA	[u'ʃita]
DUWEN	SPINGERE	['spindʒere]
TREKKEN	TIRARE	[ti'rare]
OPEN	APERTO	[a'perto]
GESLOTEN	CHIUSO	['kjuzo]
DAMES	DONNE	['donne]
HEREN	UOMINI	[u'omini]
KORTING	SCONTI	['skonti]
UITVERKOOP	SALDI	['saldi]
NIEUW!	NOVITÀ!	[novi'ta]
GRATIS	GRATIS	['gratis]
PAS OP!	ATTENZIONE!	[atten'tsjone]
VOLGEBOEKT	COMPLETO	[kom'pleto]
GERESERVEERD	RISERVATO	[rizer'vato]
ADMINISTRATIE	AMMINISTRAZIONE	[amministra'tsjone]
ALLEEN VOOR	RISERVATO	[rizer'vato
PERSONEEL	AL PERSONALE	al perso'nale]
GEVAARLIJKE HOND	ATTENTI AL CANE	[at'tenti al 'kane]
VERBODEN TE ROKEN!	VIETATO FUMARE!	[vje'tato fu'mare]
NIET AANRAKEN!	NON TOCCARE	[non tok'kare]
GEVAARLIJK	PERICOLOSO	[periko'lozo]
GEVAAR	PERICOLO	[pe'rikolo]
HOOGSPANNING	ALTA TENSIONE	['alta ten'sjone]
VERBODEN TE ZWEMMEN	DIVIETO DI BALNEAZIONE	[di'vjeto di balnea'tsjone]
BUITEN GEBRUIK	GUASTO	['gwasto]
ONTVLAMBAAR	INFIAMMABILE	[infjam'mabile]
VERBODEN	VIETATO	[vje'tato]
DOORGANG VERBODEN	VIETATO L'INGRESSO	[vje'tato lin'greso]
OPGELET PAS GEVERFD	VERNICE FRESCA	[ver'nitʃe 'freska]

56. Stedelijk vervoer

bus, autobus (de)	autobus (m)	['autobus]
tram (de)	tram (m)	[tram]
trolleybus (de)	filobus (m)	['filobus]
route (de)	itinerario (m)	[itine'rario]
nummer (busnummer, enz.)	numero (m)	['numero]
rijden met ...	andare in ...	[an'dare in]
stappen (in de bus ~)	salire su ...	[sa'lire su]
afstappen (ww)	scendere da ...	['ʃendere da]

halte (de)	fermata (f)	[fer'mata]
volgende halte (de)	prossima fermata (f)	['prossima fer'mata]
eindpunt (het)	capolinea (m)	[kapo'linea]
dienstregeling (de)	orario (m)	[o'rario]
wachten (ww)	aspettare (vt)	[aspet'tare]
kaartje (het)	biglietto (m)	[biʎ'ʎetto]
reiskosten (de)	prezzo (m) del biglietto	['prettso del biʎ'ʎetto]
kassier (de)	cassiere (m)	[kas'sjere]
kaartcontrole (de)	controllo (m) dei biglietti	[kon'trollo dei biʎ'ʎeti]
controleur (de)	bigliettaio (m)	[biʎʎet'tajo]
te laat zijn (ww)	essere in ritardo	['essere in ri'tardo]
missen (de bus ~)	perdere (vt)	['perdere]
zich haasten (ww)	avere fretta	[a'vere 'fretta]
taxi (de)	taxi (m)	['taksi]
taxichauffeur (de)	taxista (m)	[ta'ksista]
met de taxi (bw)	in taxi	[in 'taksi]
taxistandplaats (de)	parcheggio (m) di taxi	[par'kedʒo di 'taksi]
een taxi bestellen	chiamare un taxi	[kja'mare un 'taksi]
een taxi nemen	prendere un taxi	['prendere un 'taksi]
verkeer (het)	traffico (m)	['traffiko]
file (de)	ingorgo (m)	[in'gorgo]
spitsuur (het)	ore (f pl) di punta	['ore di 'punta]
parkeren (on.ww.)	parcheggiarsi (vr)	[parke'dʒarsi]
parkeren (ov.ww.)	parcheggiare (vt)	[parke'dʒare]
parking (de)	parcheggio (m)	[par'kedʒo]
metro (de)	metropolitana (f)	[metropoli'tana]
halte (bijv. kleine treinhalte)	stazione (f)	[sta'tsjone]
de metro nemen	prendere la metropolitana	['prendere la metropoli'tana]
trein (de)	treno (m)	['treno]
station (treinstation)	stazione (f) ferroviaria	[sta'tsjone ferro'vjaria]

57. Bezienswaardigheden

monument (het)	monumento (m)	[monu'mento]
vesting (de)	fortezza (f)	[for'tettsa]
paleis (het)	palazzo (m)	[pa'lattso]
kasteel (het)	castello (m)	[ka'stello]
toren (de)	torre (f)	['torre]
mausoleum (het)	mausoleo (m)	[mauzo'leo]
architectuur (de)	architettura (f)	[arkitet'tura]
middeleeuws (bn)	medievale	[medje'vale]
oud (bn)	antico	[an'tiko]
nationaal (bn)	nazionale	[natsio'nale]
bekend (bn)	famoso	[fa'mozo]
toerist (de)	turista (m)	[tu'rista]
gids (de)	guida (f)	['gwida]

rondleiding (de)	escursione (f)	[eskur'sjone]
tonen (ww)	fare vedere	['fare ve'dere]
vertellen (ww)	raccontare (vt)	[rakkon'tare]
vinden (ww)	trovare (vt)	[tro'vare]
verdwalen (de weg kwijt zijn)	perdersi (vr)	['perdersi]
plattegrond (~ van de metro)	mappa (f)	['mappa]
plattegrond (~ van de stad)	piantina (f)	[pjan'tina]
souvenir (het)	souvenir (m)	[suve'nir]
souvenirwinkel (de)	negozio (m) di articoli da regalo	[ne'gotsio di ar'tikoli da re'galo]
foto's maken	fare foto	['fare 'foto]
zich laten fotograferen	fotografarsi	[fotogra'farsi]

58. Winkelen

kopen (ww)	comprare (vt)	[kom'prare]
aankoop (de)	acquisto (m)	[a'kwisto]
winkelen (ww)	fare acquisti	['fare a'kwisti]
winkelen (het)	shopping (m)	['ʃopping]
open zijn (ov. een winkel, enz.)	essere aperto	['essere a'perto]
gesloten zijn (ww)	essere chiuso	['essere 'kjuzo]
schoeisel (het)	calzature (f pl)	[kaltsa'ture]
kleren (mv.)	abbigliamento (m)	[abbiʎʎa'mento]
cosmetica (mv.)	cosmetica (f)	[ko'zmetika]
voedingswaren (mv.)	alimentari (m pl)	[alimen'tari]
geschenk (het)	regalo (m)	[re'galo]
verkoper (de)	commesso (m)	[kom'messo]
verkoopster (de)	commessa (f)	[kom'messa]
kassa (de)	cassa (f)	['kassa]
spiegel (de)	specchio (m)	['spekkio]
toonbank (de)	banco (m)	['banko]
paskamer (de)	camerino (m)	[kame'rino]
aanpassen (ww)	provare (vt)	[pro'vare]
passen (ov. kleren)	stare bene	['stare 'bene]
bevallen (prettig vinden)	piacere (vi)	[pja'tʃere]
prijs (de)	prezzo (m)	['prettso]
prijskaartje (het)	etichetta (f) del prezzo	[eti'ketta del 'prettso]
kosten (ww)	costare (vt)	[ko'stare]
Hoeveel?	Quanto?	['kwanto]
korting (de)	sconto (m)	['skonto]
niet duur (bn)	no muy caro	[no muj 'karo]
goedkoop (bn)	a buon mercato	[a bu'on mer'kato]
duur (bn)	caro	['karo]
Dat is duur.	È caro	[e 'karo]

verhuur (de)	noleggio (m)	[no'ledʒo]
huren (smoking, enz.)	noleggiare (vt)	[nole'dʒare]
krediet (het)	credito (m)	['kredito]
op krediet (bw)	a credito	[a 'kredito]

59. Geld

geld (het)	soldi (m pl)	['soldi]
ruil (de)	cambio (m)	['kambio]
koers (de)	corso (m) di cambio	['korso di 'kambio]
geldautomaat (de)	bancomat (m)	['bankomat]
muntstuk (de)	moneta (f)	[mo'neta]
dollar (de)	dollaro (m)	['dollaro]
euro (de)	euro (m)	['euro]
lire (de)	lira (f)	['lira]
Duitse mark (de)	marco (m)	['marko]
frank (de)	franco (m)	['franko]
pond sterling (het)	sterlina (f)	[ster'lina]
yen (de)	yen (m)	[jen]
schuld (geldbedrag)	debito (m)	['debito]
schuldenaar (de)	debitore (m)	[debi'tore]
uitlenen (ww)	prestare (vt)	[pre'stare]
lenen (geld ~)	prendere in prestito	['prendere in 'prestito]
bank (de)	banca (f)	['banka]
bankrekening (de)	conto (m)	['konto]
op rekening storten	versare sul conto	[ver'sare sul 'konto]
opnemen (ww)	prelevare dal conto	[prele'vare dal 'konto]
kredietkaart (de)	carta (f) di credito	['karta di 'kredito]
baar geld (het)	contanti (m pl)	[kon'tanti]
cheque (de)	assegno (m)	[as'seɲo]
een cheque uitschrijven	emettere un assegno	[e'mettere un as'seɲo]
chequeboekje (het)	libretto (m) di assegni	[li'bretto di as'seɲi]
portefeuille (de)	portafoglio (m)	[porta·'foʎʎo]
geldbeugel (de)	borsellino (m)	[borsel'lino]
safe (de)	cassaforte (f)	[kassa'forte]
erfgenaam (de)	erede (m)	[e'rede]
erfenis (de)	eredità (f)	[eredi'ta]
fortuin (het)	fortuna (f)	[for'tuna]
huur (de)	affitto (m)	[af'fitto]
huurprijs (de)	affitto (m)	[af'fitto]
huren (huis, kamer)	affittare (vt)	[affit'tare]
prijs (de)	prezzo (m)	['prettso]
kostprijs (de)	costo (m), prezzo (m)	['kosto], ['prettso]
som (de)	somma (f)	['somma]
uitgeven (geld besteden)	spendere (vt)	['spendere]

kosten (mv.)	spese (f pl)	['speze]
bezuinigen (ww)	economizzare (vi, vt)	[ekonomid'dzare]
zuinig (bn)	economico	[eko'nomiko]
betalen (ww)	pagare (vi, vt)	[pa'gare]
betaling (de)	pagamento (m)	[paga'mento]
wisselgeld (het)	resto (m)	['resto]
belasting (de)	imposta (f)	[im'posta]
boete (de)	multa (f), ammenda (f)	['multa], [am'menda]
beboeten (bekeuren)	multare (vt)	[mul'tare]

60. Post. Postkantoor

postkantoor (het)	posta (f), ufficio (m) postale	['posta], [uf'fitʃo po'stale]
post (de)	posta (f)	['posta]
postbode (de)	postino (m)	[po'stino]
openingsuren (mv.)	orario (m) di apertura	[o'rario di aper'tura]
brief (de)	lettera (f)	['lettera]
aangetekende brief (de)	raccomandata (f)	[rakkoman'data]
briefkaart (de)	cartolina (f)	[karto'lina]
telegram (het)	telegramma (m)	[tele'gramma]
postpakket (het)	pacco (m) postale	['pakko po'stale]
overschrijving (de)	vaglia (m) postale	['vaʎʎa po'stale]
ontvangen (ww)	ricevere (vt)	[ri'tʃevere]
sturen (zenden)	spedire (vt)	[spe'dire]
verzending (de)	invio (m)	[in'vio]
adres (het)	indirizzo (m)	[indi'rittso]
postcode (de)	codice (m) postale	['koditʃe po'stale]
verzender (de)	mittente (m)	[mit'tente]
ontvanger (de)	destinatario (m)	[destina'tario]
naam (de)	nome (m)	['nome]
achternaam (de)	cognome (m)	[ko'ɲome]
tarief (het)	tariffa (f)	[ta'riffa]
standaard (bn)	ordinario	[ordi'nario]
zuinig (bn)	standard	['standar]
gewicht (het)	peso (m)	['pezo]
afwegen (op de weegschaal)	pesare (vt)	[pe'zare]
envelop (de)	busta (f)	['busta]
postzegel (de)	francobollo (m)	[franko'bollo]

Woning. Huis. Thuis

61. Huis. Elektriciteit

elektriciteit (de)	elettricità (f)	[elettritʃi'ta]
lamp (de)	lampadina (f)	[lampa'dina]
schakelaar (de)	interruttore (m)	[interrut'tore]
zekering (de)	fusibile (m)	[fu'zibile]
draad (de)	filo (m)	['filo]
bedrading (de)	impianto (m) elettrico	[im'pjanto e'lettriko]
elektriciteitsmeter (de)	contatore (m) dell'elettricità	[konta'tore dell elettritʃi'ta]
gegevens (mv.)	lettura, indicazione (f)	[let'tura], [indika'tsjone]

62. Villa. Herenhuis

landhuisje (het)	casa (f) di campagna	['kaza di kam'paɲa]
villa (de)	villa (f)	['villa]
vleugel (de)	ala (f)	['ala]
tuin (de)	giardino (m)	[dʒar'dino]
park (het)	parco (m)	['parko]
oranjerie (de)	serra (f)	['serra]
onderhouden (tuin, enz.)	prendersi cura di	['prendersi 'kura di]
zwembad (het)	piscina (f)	[pi'ʃina]
gym (het)	palestra (f)	[pa'lestra]
tennisveld (het)	campo (m) da tennis	['kampo da 'tennis]
bioscoopkamer (de)	home cinema (m)	['om 'tʃinema]
garage (de)	garage (m)	[ga'raʒ]
privé-eigendom (het)	proprietà (f) privata	[proprie'ta pri'vata]
eigen terrein (het)	terreno (m) privato	[ter'reno pri'vato]
waarschuwing (de)	avvertimento (m)	[avverti'mento]
waarschuwingsbord (het)	cartello (m) di avvertimento	['kartello di avverti'mento]
bewaking (de)	sicurezza (f)	[siku'rettsa]
bewaker (de)	guardia (f) giurata	['gwardia dʒu'rata]
inbraakalarm (het)	allarme (f) antifurto	[al'larme anti'furto]

63. Appartement

appartement (het)	appartamento (m)	[apparta'mento]
kamer (de)	camera (f), stanza (f)	['kamera], ['stantsa]
slaapkamer (de)	camera (f) da letto	['kamera da 'letto]

eetkamer (de)	sala (f) da pranzo	['sala da 'prantso]
salon (de)	salotto (m)	[sa'lotto]
studeerkamer (de)	studio (m)	['studio]

gang (de)	ingresso (m)	[in'gresso]
badkamer (de)	bagno (m)	['baɲo]
toilet (het)	gabinetto (m)	[gabi'netto]

plafond (het)	soffitto (m)	[sof'fitto]
vloer (de)	pavimento (m)	[pavi'mento]
hoek (de)	angolo (m)	['angolo]

64. Meubels. Interieur

meubels (mv.)	mobili (m pl)	['mobili]
tafel (de)	tavolo (m)	['tavolo]
stoel (de)	sedia (f)	['sedia]
bed (het)	letto (m)	['letto]

| bankstel (het) | divano (m) | [di'vano] |
| fauteuil (de) | poltrona (f) | [pol'trona] |

| boekenkast (de) | libreria (f) | [libre'ria] |
| boekenrek (het) | ripiano (m) | [ri'pjano] |

kledingkast (de)	armadio (m)	[ar'madio]
kapstok (de)	attaccapanni (m) da parete	[attakka'panni da pa'rete]
staande kapstok (de)	appendiabiti (m) da terra	[apen'djabiti da terra]

| commode (de) | comò (m) | [ko'mo] |
| salontafeltje (het) | tavolino (m) da salotto | [tavo'lina da sa'lotto] |

spiegel (de)	specchio (m)	['spekkio]
tapijt (het)	tappeto (m)	[tap'peto]
tapijtje (het)	tappetino (m)	[tappe'tino]

haard (de)	camino (m)	[ka'mino]
kaars (de)	candela (f)	[kan'dela]
kandelaar (de)	candeliere (m)	[kande'ljere]

gordijnen (mv.)	tende (f pl)	['tende]
behang (het)	carta (f) da parati	['karta da pa'rati]
jaloezie (de)	tende (f pl) alla veneziana	['tende alla vene'tsjana]

| bureaulamp (de) | lampada (f) da tavolo | ['lampada da 'tavolo] |
| wandlamp (de) | lampada (f) da parete | ['lampada da pa'rete] |

| staande lamp (de) | lampada (f) a stelo | ['lampada a 'stelo] |
| luchter (de) | lampadario (m) | [lampa'dario] |

poot (ov. een tafel, enz.)	gamba (f)	['gamba]
armleuning (de)	bracciolo (m)	['bratʃolo]
rugleuning (de)	spalliera (f)	[spal'ljera]
la (de)	cassetto (m)	[kas'setto]

65. Beddengoed

beddengoed (het)	biancheria (f) da letto	[bjanke'ria da 'letto]
kussen (het)	cuscino (m)	[ku'ʃino]
kussenovertrek (de)	federa (f)	['federa]
deken (de)	coperta (f)	[ko'perta]
laken (het)	lenzuolo (m)	[lentsu'olo]
sprei (de)	copriletto (m)	[kopri'letto]

66. Keuken

keuken (de)	cucina (f)	[ku'tʃina]
gas (het)	gas (m)	[gas]
gasfornuis (het)	fornello (m) a gas	[for'nello a gas]
elektrisch fornuis (het)	fornello (m) elettrico	[for'nello e'lettriko]
oven (de)	forno (m)	['forno]
magnetronoven (de)	forno (m) a microonde	['forno a mikro'onde]
koelkast (de)	frigorifero (m)	[frigo'rifero]
diepvriezer (de)	congelatore (m)	[kondʒela'tore]
vaatwasmachine (de)	lavastoviglie (f)	[lavasto'viʎʎe]
vleesmolen (de)	tritacarne (m)	[trita'karne]
vruchtenpers (de)	spremifrutta (m)	[spremi'frutta]
toaster (de)	tostapane (m)	[tosta'pane]
mixer (de)	mixer (m)	['mikser]
koffiemachine (de)	macchina (f) da caffè	['makkina da kaf'fe]
koffiepot (de)	caffettiera (f)	[kaffet'tjera]
koffiemolen (de)	macinacaffè (m)	[matʃinakaf'fe]
fluitketel (de)	bollitore (m)	[bolli'tore]
theepot (de)	teiera (f)	[te'jera]
deksel (de/het)	coperchio (m)	[ko'perkio]
theezeefje (het)	colino (m) da tè	[ko'lino da te]
lepel (de)	cucchiaio (m)	[kuk'kjajo]
theelepeltje (het)	cucchiaino (m) da tè	[kuk'kjajno da 'te]
eetlepel (de)	cucchiaio (m)	[kuk'kjajo]
vork (de)	forchetta (f)	[for'ketta]
mes (het)	coltello (m)	[kol'tello]
vaatwerk (het)	stoviglie (f pl)	[sto'viʎʎe]
bord (het)	piatto (m)	['pjatto]
schoteltje (het)	piattino (m)	[pjat'tino]
likeurglas (het)	cicchetto (m)	[tʃik'ketto]
glas (het)	bicchiere (m)	[bik'kjere]
kopje (het)	tazzina (f)	[tat'tsina]
suikerpot (de)	zuccheriera (f)	[dzukke'rjera]
zoutvat (het)	saliera (f)	[sa'ljera]
pepervat (het)	pepiera (f)	[pe'pjera]

boterschaaltje (het)	burriera (f)	[bur'rjera]
pan (de)	pentola (f)	['pentola]
bakpan (de)	padella (f)	[pa'della]
pollepel (de)	mestolo (m)	['mestolo]
vergiet (de/het)	colapasta (m)	[kola'pasta]
dienblad (het)	vassoio (m)	[vas'sojo]
fles (de)	bottiglia (f)	[bot'tiʎʎa]
glazen pot (de)	barattolo (m) di vetro	[ba'rattolo di 'vetro]
blik (conserven~)	latta (f), lattina (f)	['latta], [lat'tina]
flesopener (de)	apribottiglie (m)	[apribot'tiʎʎe]
blikopener (de)	apriscatole (m)	[apri'skatole]
kurkentrekker (de)	cavatappi (m)	[kava'tappi]
filter (de/het)	filtro (m)	['filtro]
filteren (ww)	filtrare (vt)	[fil'trare]
huisvuil (het)	spazzatura (f)	[spattsa'tura]
vuilnisemmer (de)	pattumiera (f)	[pattu'mjera]

67. Badkamer

badkamer (de)	bagno (m)	['baɲo]
water (het)	acqua (f)	['akwa]
kraan (de)	rubinetto (m)	[rubi'netto]
warm water (het)	acqua (f) calda	['akwa 'kalda]
koud water (het)	acqua (f) fredda	['akwa 'fredda]
tandpasta (de)	dentifricio (m)	[denti'fritʃo]
tanden poetsen (ww)	lavarsi i denti	[la'varsi i 'denti]
tandenborstel (de)	spazzolino (m) da denti	[spatso'lino da 'denti]
zich scheren (ww)	rasarsi (vr)	[ra'zarsi]
scheercrème (de)	schiuma (f) da barba	['skjuma da 'barba]
scheermes (het)	rasoio (m)	[ra'zojo]
wassen (ww)	lavare (vt)	[la'vare]
een bad nemen	fare un bagno	['fare un 'baɲo]
douche (de)	doccia (f)	['dotʃa]
een douche nemen	fare una doccia	['fare 'una 'dotʃa]
bad (het)	vasca (f) da bagno	['vaska da 'baɲo]
toiletpot (de)	water (m)	['vater]
wastafel (de)	lavandino (m)	[lavan'dino]
zeep (de)	sapone (m)	[sa'pone]
zeepbakje (het)	porta (m) sapone	['porta sa'pone]
spons (de)	spugna (f)	['spuɲa]
shampoo (de)	shampoo (m)	['ʃampo]
handdoek (de)	asciugamano (m)	[aʃuga'mano]
badjas (de)	accappatoio (m)	[akkappa'tojo]
was (bijv. handwas)	bucato (m)	[bu'kato]
wasmachine (de)	lavatrice (f)	[lava'tritʃe]

de was doen	fare il bucato	['fare il bu'kato]
waspoeder (de)	detersivo (m) per il bucato	[deter'sivo per il bu'kato]

68. Huishoudelijke apparaten

televisie (de)	televisore (m)	[televi'zore]
cassettespeler (de)	registratore (m) a nastro	[reʤistra'tore a 'nastro]
videorecorder (de)	videoregistratore (m)	[video·reʤistra'tore]
radio (de)	radio (f)	['radio]
speler (de)	lettore (m)	[let'tore]

videoprojector (de)	videoproiettore (m)	[video·projet'tore]
home theater systeem (het)	home cinema (m)	['om 'ʧinema]
DVD-speler (de)	lettore (m) DVD	[let'tore divu'di]
versterker (de)	amplificatore (m)	[amplifika'tore]
spelconsole (de)	console (f) video giochi	['konsole 'video 'ʤoki]

videocamera (de)	videocamera (f)	[video·'kamera]
fotocamera (de)	macchina (f) fotografica	['makkina foto'grafika]
digitale camera (de)	fotocamera (f) digitale	[foto'kamera diʤi'tale]

stofzuiger (de)	aspirapolvere (m)	[aspira·'polvere]
strijkijzer (het)	ferro (m) da stiro	['ferro da 'stiro]
strijkplank (de)	asse (f) da stiro	['asse da 'stiro]

telefoon (de)	telefono (m)	[te'lefono]
mobieltje (het)	telefonino (m)	[telefo'nino]
schrijfmachine (de)	macchina (f) da scrivere	['makkina da 'skrivere]
naaimachine (de)	macchina (f) da cucire	['makkina da ku'ʧire]

microfoon (de)	microfono (m)	[mi'krofono]
koptelefoon (de)	cuffia (f)	['kuffia]
afstandsbediening (de)	telecomando (m)	[teleko'mando]

CD (de)	CD (m)	[ʧi'di]
cassette (de)	cassetta (f)	[kas'setta]
vinylplaat (de)	disco (m)	['disko]

MENSELIJKE ACTIVITEITEN

Baan. Business. Deel 1

69. Kantoor. Op kantoor werken

kantoor (het)	ufficio (m)	[uf'fitʃo]
kamer (de)	ufficio (m)	[uf'fitʃo]
receptie (de)	portineria (f)	[portine'ria]
secretaris (de)	segretario (m)	[segre'tario]
directeur (de)	direttore (m)	[diret'tore]
manager (de)	manager (m)	['menedʒer]
boekhouder (de)	contabile (m)	[kon'tabile]
werknemer (de)	impiegato (m)	[impje'gato]
meubilair (het)	mobili (m pl)	['mobili]
tafel (de)	scrivania (f)	[skriva'nia]
bureaustoel (de)	poltrona (f)	[pol'trona]
ladeblok (het)	cassettiera (f)	[kasset'tjera]
kapstok (de)	appendiabiti (m) da terra	[apen'djabiti da terra]
computer (de)	computer (m)	[kom'pjuter]
printer (de)	stampante (f)	[stam'pante]
fax (de)	fax (m)	[faks]
kopieerapparaat (het)	fotocopiatrice (f)	[fotokopja'tritʃe]
papier (het)	carta (f)	['karta]
kantoorartikelen (mv.)	cancelleria (f)	[kantʃelle'ria]
muismat (de)	tappetino (m) del mouse	[tappe'tino del 'maus]
blad (het)	foglio (m)	['foʎʎo]
ordner (de)	cartella (f)	[kar'tella]
catalogus (de)	catalogo (m)	[ka'talogo]
telefoongids (de)	elenco (m) del telefono	[e'lenko del te'lefono]
documentatie (de)	documentazione (f)	[dokumenta'tsjone]
brochure (de)	opuscolo (m)	[o'puskolo]
flyer (de)	volantino (m)	[volan'tino]
monster (het), staal (de)	campione (m)	[kam'pjone]
training (de)	formazione (f)	[forma'tsjone]
vergadering (de)	riunione (f)	[riu'njone]
lunchpauze (de)	pausa (f) pranzo	['pauza 'prantso]
een kopie maken	copiare (vt)	[ko'pjare]
de kopieën maken	fare copie	['fare 'kopje]
een fax ontvangen	ricevere un fax	[ri'tʃevere un faks]
een fax versturen	spedire un fax	[spe'dire un faks]
opbellen (ww)	telefonare (vi, vt)	[telefo'nare]

antwoorden (ww)	rispondere (vi, vt)	[ris'pondere]
doorverbinden (ww)	passare (vt)	[pas'sare]
afspreken (ww)	fissare (vt)	[fis'sare]
demonstreren (ww)	dimostrare (vt)	[dimo'strare]
absent zijn (ww)	essere assente	['essere as'sente]
afwezigheid (de)	assenza (f)	[as'sentsa]

70. Bedrijfsprocessen. Deel 1

zaak (de), beroep (het)	occupazione (f)	[okkupa'tsjone]
firma (de)	ditta (f)	['ditta]
bedrijf (maatschap)	compagnia (f)	[kompa'ɲia]
corporatie (de)	corporazione (f)	[korpora'tsjone]
onderneming (de)	impresa (f)	[im'preza]
agentschap (het)	agenzia (f)	[adʒen'tsia]
overeenkomst (de)	accordo (m)	[ak'kordo]
contract (het)	contratto (m)	[kon'tratto]
transactie (de)	affare (m)	[af'fare]
bestelling (de)	ordine (m)	['ordine]
voorwaarde (de)	termine (m) dell'accordo	['termine dell ak'kordo]
in het groot (bw)	all'ingrosso	[all in'grosso]
groothandels- (abn)	all'ingrosso	[all in'grosso]
groothandel (de)	vendita (f) all'ingrosso	['vendita all in'grosso]
kleinhandels- (abn)	al dettaglio	[al det'taʎʎo]
kleinhandel (de)	vendita (f) al dettaglio	['vendita al det'taʎʎo]
concurrent (de)	concorrente (m)	[konkor'rente]
concurrentie (de)	concorrenza (f)	[konkor'rentsa]
concurreren (ww)	competere (vi)	[kom'petere]
partner (de)	socio (m), partner (m)	['sotʃo], ['partner]
partnerschap (het)	partenariato (m)	[partena'rjato]
crisis (de)	crisi (f)	['krizi]
bankroet (het)	bancarotta (f)	[banka'rotta]
bankroet gaan (ww)	fallire (vi)	[fal'lire]
moeilijkheid (de)	difficoltà (f)	[diffikol'ta]
probleem (het)	problema (m)	[pro'blema]
catastrofe (de)	disastro (m)	[di'zastro]
economie (de)	economia (f)	[ekono'mia]
economisch (bn)	economico	[eko'nomiko]
economische recessie (de)	recessione (f) economica	[retʃes'sjone eko'nomika]
doel (het)	scopo (m), obiettivo (m)	['skopo], [objet'tivo]
taak (de)	incarico (m)	[in'kariko]
handelen (handel drijven)	commerciare (vi)	[kommer'tʃare]
netwerk (het)	rete (f)	['rete]
voorraad (de)	giacenza (f)	[dʒia'tʃentsa]
assortiment (het)	assortimento (m)	[assorti'mento]

leider (de)	leader (m), capo (m)	['lider], ['kapo]
groot (bn)	grande	['grande]
monopolie (het)	monopolio (m)	[mono'polio]

theorie (de)	teoria (f)	[teo'ria]
praktijk (de)	pratica (f)	['pratika]
ervaring (de)	esperienza (f)	[espe'rjentsa]
tendentie (de)	tendenza (f)	[ten'dentsa]
ontwikkeling (de)	sviluppo (m)	[zvi'luppo]

71. Bedrijfsprocessen. Deel 2

| voordeel (het) | profitto (m) | [pro'fitto] |
| voordelig (bn) | profittevole | [profit'tevole] |

delegatie (de)	delegazione (f)	[delega'tsjone]
salaris (het)	stipendio (m)	[sti'pendio]
corrigeren (fouten ~)	correggere (vt)	[kor'redʒere]
zakenreis (de)	viaggio (m) d'affari	['vjadʒo daf'fari]
commissie (de)	commissione (f)	[kommi'sjone]

controleren (ww)	controllare (vt)	[kontrol'lare]
conferentie (de)	conferenza (f)	[konfe'rentsa]
licentie (de)	licenza (f)	[li'tʃentsa]
betrouwbaar (partner, enz.)	affidabile	[affi'dabile]

aanzet (de)	iniziativa (f)	[initsja'tiva]
norm (bijv. ~ stellen)	norma (f)	['norma]
omstandigheid (de)	circostanza (f)	[tʃirko'stantsa]
taak, plicht (de)	mansione (f)	[man'sjone]

organisatie (bedrijf, zaak)	impresa (f)	[im'preza]
organisatie (proces)	organizzazione (f)	[organiddza'tsjone]
georganiseerd (bn)	organizzato	[organid'dzato]
afzegging (de)	annullamento (m)	[annulla'mento]
afzeggen (ww)	annullare (vt)	[annul'lare]
verslag (het)	rapporto (m)	[rap'porto]

patent (het)	brevetto (m)	[bre'vetto]
patenteren (ww)	brevettare (vt)	[brevet'tare]
plannen (ww)	pianificare (vt)	[pjanifi'kare]

premie (de)	premio (m)	['premio]
professioneel (bn)	professionale	[professjo'nale]
procedure (de)	procedura (f)	[protʃe'dura]

onderzoeken (contract, enz.)	esaminare (vt)	[ezami'nare]
berekening (de)	calcolo (m)	['kalkolo]
reputatie (de)	reputazione (f)	[reputa'tsjone]
risico (het)	rischio (m)	['riskio]

beheren (managen)	dirigere (vt)	[di'ridʒere]
informatie (de)	informazioni (f pl)	[informa'tsjoni]
eigendom (bezit)	proprietà (f)	[proprie'ta]

unie (de)	unione (f)	[uni'one]
levensverzekering (de)	assicurazione (f) sulla vita	[assikura'tsjone 'sulla 'vita]
verzekeren (ww)	assicurare (vt)	[assiku'rare]
verzekering (de)	assicurazione (f)	[assikura'tsjone]
veiling (de)	asta (f)	['asta]
verwittigen (ww)	avvisare (vt)	[avvi'zare]
beheer (het)	gestione (f)	[dʒes'tjone]
dienst (de)	servizio (m)	[ser'vitsio]
forum (het)	forum (m)	['forum]
functioneren (ww)	funzionare (vi)	[funtsjo'nare]
stap, etappe (de)	stadio (m)	['stadio]
juridisch (bn)	giuridico	[dʒu'ridiko]
jurist (de)	esperto (m) legale	[e'sperto le'gale]

72. Productie. Werken

industriële installatie (fabriek)	stabilimento (m)	[stabili'mento]
fabriek (de)	fabbrica (f)	['fabbrika]
werkplaatsruimte (de)	officina (f) di produzione	[offi'tʃina di produ'tsjone]
productielocatie (de)	stabilimento (m)	[stabili'mento]
industrie (de)	industria (f)	[in'dustria]
industrieel (bn)	industriale	[industri'ale]
zware industrie (de)	industria (f) pesante	[in'dustria pe'zante]
lichte industrie (de)	industria (f) leggera	[in'dustria le'dʒera]
productie (de)	prodotti (m pl)	[pro'dotti]
produceren (ww)	produrre (vt)	[pro'durre]
grondstof (de)	materia (f) prima	[ma'teria 'prima]
voorman, ploegbaas (de)	caposquadra (m)	[kapo'skwadra]
ploeg (de)	squadra (f)	['skwadra]
arbeider (de)	operaio (m)	[ope'rajo]
werkdag (de)	giorno (m) lavorativo	['dʒorno lavora'tivo]
pauze (de)	pausa (f)	['pauza]
samenkomst (de)	riunione (f)	[riu'njone]
bespreken (spreken over)	discutere (vt)	[di'skutere]
plan (het)	piano (m)	['pjano]
het plan uitvoeren	eseguire il piano	[eze'gwire il 'pjano]
productienorm (de)	tasso (m) di produzione	['tasso di produ'tsjone]
kwaliteit (de)	qualità (f)	[kwali'ta]
controle (de)	controllo (m)	[kon'trollo]
kwaliteitscontrole (de)	controllo (m) di qualità	[kon'trollo di kwali'ta]
arbeidsveiligheid (de)	sicurezza (f) sul lavoro	[siku'rettsa sul la'voro]
discipline (de)	disciplina (f)	[diʃi'plina]
overtreding (de)	infrazione (f)	[infra'tsjone]
overtreden (ww)	violare (vt)	[vio'lare]
staking (de)	sciopero (m)	['ʃopero]
staker (de)	scioperante (m)	[ʃope'rante]

Nederlands	Italiaans	Uitspraak
staken (ww)	fare sciopero	['fare 'ʃopero]
vakbond (de)	sindacato (m)	[sinda'kato]
uitvinden (machine, enz.)	inventare (vt)	[inven'tare]
uitvinding (de)	invenzione (f)	[inven'tsjone]
onderzoek (het)	ricerca (f)	[ri'tʃerka]
verbeteren (beter maken)	migliorare (vt)	[miʎʎo'rare]
technologie (de)	tecnologia (f)	[teknolo'dʒia]
technische tekening (de)	disegno (m) tecnico	[di'zeɲo 'tekniko]
vracht (de)	carico (m)	['kariko]
lader (de)	caricatore (m)	[karika'tore]
laden (vrachtwagen)	caricare (vt)	[kari'kare]
laden (het)	caricamento (m)	[karika'mento]
lossen (ww)	scaricare (vt)	[skari'kare]
lossen (het)	scarico (m)	['skariko]
transport (het)	trasporto (m)	[tras'porto]
transportbedrijf (de)	società (f) di trasporti	[sotʃe'ta di tras'porti]
transporteren (ww)	trasportare (vt)	[traspor'tare]
goederenwagon (de)	vagone (m) merci	[va'gone 'mertʃi]
tank (bijv. ketelwagen)	cisterna (f)	[tʃi'sterna]
vrachtwagen (de)	camion (m)	['kamjon]
machine (de)	macchina (f) utensile	['makkina u'tensile]
mechanisme (het)	meccanismo (m)	[mekka'nizmo]
industrieel afval (het)	rifiuti (m pl) industriali	[ri'fjuti industri'ali]
verpakking (de)	imballaggio (m)	[imbal'ladʒo]
verpakken (ww)	imballare (vt)	[imbal'lare]

73. Contract. Overeenstemming

Nederlands	Italiaans	Uitspraak
contract (het)	contratto (m)	[kon'tratto]
overeenkomst (de)	accordo (m)	[ak'kordo]
bijlage (de)	allegato (m)	[alle'gato]
een contract sluiten	firmare un contratto	[fir'mare un kon'tratto]
handtekening (de)	firma (f)	['firma]
ondertekenen (ww)	firmare (vt)	[fir'mare]
stempel (de)	timbro (m)	['timbro]
voorwerp (het) van de overeenkomst	oggetto (m) del contratto	[o'dʒetto del kon'tratto]
clausule (de)	clausola (f)	['klauzola]
partijen (mv.)	parti (f pl)	['parti]
vestigingsadres (het)	sede (f) legale	['sede le'gale]
het contract verbreken (overtreden)	sciogliere un contratto	['ʃoʎʎere un kon'tratto]
verplichting (de)	obbligo (m)	['obbligo]
verantwoordelijkheid (de)	responsabilità (f)	[responsabili'ta]
overmacht (de)	forza (f) maggiore	['fortsa ma'dʒore]

geschil (het)	discussione (f)	[diskus'sjone]
sancties (mv.)	sanzioni (f pl)	[san'tsjoni]

74. Import & Export

import (de)	importazione (f)	[importa'tsjone]
importeur (de)	importatore (m)	[importa'tore]
importeren (ww)	importare (vt)	[impor'tare]
import- (abn)	d'importazione	[dimporta'tsjone]
uitvoer (export)	esportazione (f)	[esporta'tsjone]
exporteur (de)	esportatore (m)	[esporta'tore]
exporteren (ww)	esportare (vt)	[espor'tare]
uitvoer- (bijv., ~goederen)	d'esportazione	[desporta'tsjone]
goederen (mv.)	merce (f)	['mertʃe]
partij (de)	carico (m)	['kariko]
gewicht (het)	peso (m)	['pezo]
volume (het)	volume (m)	[vo'lume]
kubieke meter (de)	metro (m) cubo	['metro 'kubo]
producent (de)	produttore (m)	[produt'tore]
transportbedrijf (de)	società (f) di trasporti	[sotʃe'ta di tras'porti]
container (de)	container (m)	[kon'tejner]
grens (de)	frontiera (f)	[fron'tjera]
douane (de)	dogana (f)	[do'gana]
douanerecht (het)	dazio (m) doganale	['datsio doga'nale]
douanier (de)	doganiere (m)	[doga'njere]
smokkelen (het)	contrabbando (m)	[kontrab'bando]
smokkelwaar (de)	merci (f pl) contrabbandate	['mertʃi kontrabban'date]

75. Financiën

aandeel (het)	azione (f)	[a'tsjone]
obligatie (de)	obbligazione (f)	[obbliga'tsjone]
wissel (de)	cambiale (f)	[kam'bjale]
beurs (de)	borsa (f)	['borsa]
aandelenkoers (de)	quotazione (f)	[kwota'tsjone]
dalen (ww)	diminuire di prezzo	[diminu'ire di 'prettso]
stijgen (ww)	aumentare di prezzo	[aumen'tare di 'prettso]
deel (het)	quota (f)	['kwota]
meerderheidsbelang (het)	pacchetto (m) di maggioranza	[pak'ketto di madʒo'rantsa]
investeringen (mv.)	investimento (m)	[investi'mento]
investeren (ww)	investire (vt)	[inve'stire]
procent (het)	percento (m)	[per'tʃento]

rente (de)	interessi (m pl)	[inte'ressi]
winst (de)	profitto (m)	[pro'fitto]
winstgevend (bn)	redditizio	[redi'titsio]
belasting (de)	imposta (f)	[im'posta]
valuta (vreemde ~)	valuta (f)	[va'luta]
nationaal (bn)	nazionale	[natsio'nale]
ruil (de)	cambio (m)	['kambio]
boekhouder (de)	contabile (m)	[kon'tabile]
boekhouding (de)	ufficio (m) contabilità	[uf'fitʃo kontabili'ta]
bankroet (het)	bancarotta (f)	[banka'rotta]
ondergang (de)	fallimento (m)	[falli'mento]
faillissement (het)	rovina (f)	[ro'vina]
geruïneerd zijn (ww)	andare in rovina	[an'dare in ro'vina]
inflatie (de)	inflazione (f)	[infla'tsjone]
devaluatie (de)	svalutazione (f)	[zvaluta'tsjone]
kapitaal (het)	capitale (m)	[kapi'tale]
inkomen (het)	reddito (m)	['reddito]
omzet (de)	giro (m) di affari	['dʒiro di af'fari]
middelen (mv.)	risorse (f pl)	[ri'sorse]
financiële middelen (mv.)	mezzi (m pl) finanziari	['meddzi finan'tsjari]
operationele kosten (mv.)	spese (f pl) generali	['speze dʒene'rali]
reduceren (kosten ~)	ridurre (vt)	[ri'durre]

76. Marketing

marketing (de)	marketing (m)	['marketing]
markt (de)	mercato (m)	[mer'kato]
marktsegment (het)	segmento (m) di mercato	[seg'mento di mer'kato]
product (het)	prodotto (m)	[pro'dotto]
goederen (mv.)	merce (f)	['mertʃe]
merk (het)	battaglia (f)	[bat'taʎʎa]
handelsmerk (het)	marchio (m) di fabbrica	['markio di 'fabbrika]
beeldmerk (het)	logotipo (m)	[logo'tipo]
logo (het)	logo (m)	[logo]
vraag (de)	domanda (f)	[do'manda]
aanbod (het)	offerta (f)	[of'ferta]
behoefte (de)	bisogno (m)	[bi'zoɲo]
consument (de)	consumatore (m)	[konsuma'tore]
analyse (de)	analisi (f)	[a'nalizi]
analyseren (ww)	analizzare (vt)	[analid'dzare]
positionering (de)	posizionamento (m)	[pozitsjona'mento]
positioneren (ww)	posizionare (vt)	[pozitsjo'nare]
prijs (de)	prezzo (m)	['prettso]
prijspolitiek (de)	politica (f) dei prezzi	[po'litika 'dei 'prettsi]
prijsvorming (de)	determinazione (f) dei prezzi	[determina'tsjone del 'prettsi]

77. Reclame

reclame (de)	pubblicità (f)	[pubbliʧi'ta]
adverteren (ww)	pubblicizzare (vt)	[pubbliʧid'dzare]
budget (het)	bilancio (m)	[bi'lanʧo]
advertentie, reclame (de)	annuncio (m)	[an'nunʧo]
TV-reclame (de)	pubblicità (f) televisiva	[pubbliʧi'ta televi'ziva]
radioreclame (de)	pubblicità (f) radiofonica	[pubbliʧi'ta radio'fonika]
buitenreclame (de)	pubblicità (f) esterna	[pubbliʧi'ta es'terna]
massamedia (de)	mass media (m pl)	[mass 'media]
periodiek (de)	periodico (m)	[pe'rjodiko]
imago (het)	immagine (f)	[im'madʒine]
slagzin (de)	slogan (m)	[zlogan]
motto (het)	motto (m)	['motto]
campagne (de)	campagna (f)	[kam'paɲa]
reclamecampagne (de)	campagna (f) pubblicitaria	[kam'paɲa pubbliʧi'taria]
doelpubliek (het)	gruppo (m) di riferimento	['gruppo de riferi'mento]
visitekaartje (het)	biglietto (m) da visita	[biʎ'ʎetto da 'vizita]
flyer (de)	volantino (m)	[volan'tino]
brochure (de)	opuscolo (m)	[o'puskolo]
folder (de)	pieghevole (m)	[pje'gevole]
nieuwsbrief (de)	bollettino (m)	[bollet'tino]
gevelreclame (de)	insegna (f)	[in'seɲa]
poster (de)	cartellone (m)	[kartel'lone]
aanplakbord (het)	tabellone (m) pubblicitario	[tabel'lone pubbliʧi'tario]

78. Bankieren

bank (de)	banca (f)	['banka]
bankfiliaal (het)	filiale (f)	[fi'ljale]
bankbediende (de)	consulente (m)	[konsu'lente]
manager (de)	direttore (m)	[diret'tore]
bankrekening (de)	conto (m) bancario	['konto ban'kario]
rekeningnummer (het)	numero (m) del conto	['numero del 'konto]
lopende rekening (de)	conto (m) corrente	['konto kor'rente]
spaarrekening (de)	conto (m) di risparmio	['konto di ris'parmio]
een rekening openen	aprire un conto	[a'prire un 'konto]
de rekening sluiten	chiudere il conto	['kjudere il 'konto]
op rekening storten	versare sul conto	[ver'sare sul 'konto]
opnemen (ww)	prelevare dal conto	[prele'vare dal 'konto]
storting (de)	deposito (m)	[de'pozito]
een storting maken	depositare (vt)	[depozi'tare]
overschrijving (de)	trasferimento (m) telegrafico	[trasferi'mento tele'grafiko]

een overschrijving maken	rimettere i soldi	[ri'mettere i 'soldi]
som (de)	somma (f)	['somma]
Hoeveel?	Quanto?	['kwanto]
handtekening (de)	firma (f)	['firma]
ondertekenen (ww)	firmare (vt)	[fir'mare]
kredietkaart (de)	carta (f) di credito	['karta di 'kredito]
code (de)	codice (m)	['koditʃe]
kredietkaartnummer (het)	numero (m) della carta di credito	['numero 'della 'karta di 'kredito]
geldautomaat (de)	bancomat (m)	['bankomat]
cheque (de)	assegno (m)	[as'seɲo]
een cheque uitschrijven	emettere un assegno	[e'mettere un as'seɲo]
chequeboekje (het)	libretto (m) di assegni	[li'bretto di as'seɲi]
lening, krediet (de)	prestito (m)	['prestito]
een lening aanvragen	fare domanda per un prestito	['fare do'manda per un 'prestito]
een lening nemen	ottenere un prestito	[otte'nere un 'prestito]
een lening verlenen	concedere un prestito	[kon'tʃedere un 'prestito]
garantie (de)	garanzia (f)	[garan'tsia]

79. Telefoon. Telefoongesprek

telefoon (de)	telefono (m)	[te'lefono]
mobieltje (het)	telefonino (m)	[telefo'nino]
antwoordapparaat (het)	segreteria (f) telefonica	[segrete'ria tele'fonika]
bellen (ww)	telefonare (vi, vt)	[telefo'nare]
belletje (telefoontje)	chiamata (f)	[kja'mata]
een nummer draaien	comporre un numero	[kom'porre un 'numero]
Hallo!	Pronto!	['pronto]
vragen (ww)	chiedere, domandare	['kjedere], [doman'dare]
antwoorden (ww)	rispondere (vi, vt)	[ris'pondere]
horen (ww)	udire, sentire (vt)	[u'dire], [sen'tire]
goed (bw)	bene	['bene]
slecht (bw)	male	['male]
storingen (mv.)	disturbi (m pl)	[di'sturbi]
hoorn (de)	cornetta (f)	[kor'netta]
opnemen (ww)	alzare la cornetta	[al'tsare la kor'netta]
ophangen (ww)	riattaccare la cornetta	[riattak'kare la kor'netta]
bezet (bn)	occupato	[okku'pato]
overgaan (ww)	squillare (vi)	[skwil'lare]
telefoonboek (het)	elenco (m) telefonico	[e'lenko tele'foniko]
lokaal (bn)	locale	[lo'kale]
interlokaal (bn)	interurbano	[interur'bano]
buitenlands (bn)	internazionale	[internatsjo'nale]

80. Mobiele telefoon

mobieltje (het)	telefonino (m)	[telefo'nino]
scherm (het)	schermo (m)	['skermo]
toets, knop (de)	tasto (m)	['tasto]
simkaart (de)	scheda SIM (f)	['skeda 'sim]
batterij (de)	pila (f)	['pila]
leeg zijn (ww)	essere scarico	['essere 'skariko]
acculader (de)	caricabatteria (m)	[karika·batte'ria]
menu (het)	menù (m)	[me'nu]
instellingen (mv.)	impostazioni (f pl)	[imposta'tsjoni]
melodie (beltoon)	melodia (f)	[melo'dia]
selecteren (ww)	scegliere (vt)	['ʃeʎʎere]
rekenmachine (de)	calcolatrice (f)	[kalkola'tritʃe]
voicemail (de)	segreteria (f) telefonica	[segrete'ria tele'fonika]
wekker (de)	sveglia (f)	['zveʎʎa]
contacten (mv.)	contatti (m pl)	[kon'tatti]
SMS-bericht (het)	messaggio (m) SMS	[mes'sadʒo ese'mese]
abonnee (de)	abbonato (m)	[abbo'nato]

81. Schrijfbehoeften

balpen (de)	penna (f) a sfera	[penna a 'sfera]
vulpen (de)	penna (f) stilografica	['penna stilo'grafika]
potlood (het)	matita (f)	[ma'tita]
marker (de)	evidenziatore (m)	[evidentsja'tore]
viltstift (de)	pennarello (m)	[penna'rello]
notitieboekje (het)	taccuino (m)	[tak'kwino]
agenda (boekje)	agenda (f)	[a'dʒenda]
liniaal (de/het)	righello (m)	[ri'gello]
rekenmachine (de)	calcolatrice (f)	[kalkola'tritʃe]
gom (de)	gomma (f) per cancellare	['gomma per kantʃel'lare]
punaise (de)	puntina (f)	[pun'tina]
paperclip (de)	graffetta (f)	[graf'fetta]
lijm (de)	colla (f)	['kolla]
nietmachine (de)	pinzatrice (f)	[pintsa'tritʃe]
perforator (de)	perforatrice (f)	[perfora'tritʃe]
potloodslijper (de)	temperamatite (m)	[temperama'tite]

82. Soorten bedrijven

boekhouddiensten (mv.)	servizi (m pl) di contabilità	[ser'vitsi di kontabili'ta]
reclame (de)	pubblicità (f)	[pubblitʃi'ta]

reclamebureau (het)	agenzia (f) pubblicitaria	[adʒen'tsia pubbliʧi'taria]
airconditioning (de)	condizionatori (m pl) d'aria	[konditsjona'tori 'daria]
luchtvaartmaatschappij (de)	compagnia (f) aerea	[kompa'ɲia a'erea]
alcoholische dranken (mv.)	bevande (f pl) alcoliche	[be'vande al'kolike]
antiek (het)	antiquariato (m)	[antikwa'rjato]
kunstgalerie (de)	galleria (f) d'arte	[galle'ria 'darte]
audit diensten (mv.)	società (f) di revisione contabile	[soʧe'ta di revi'zone kon'tabile]
banken (mv.)	imprese (f pl) bancarie	[im'preze ban'karie]
bar (de)	bar (m)	[bar]
schoonheidssalon (de/het)	salone (m) di bellezza	[sa'lone di bel'lettsa]
boekhandel (de)	libreria (f)	[libre'ria]
bierbrouwerij (de)	birreria (f)	[birre'ria]
zakencentrum (het)	business centro (m)	['biznes 'ʧentro]
business school (de)	scuola (f) di commercio	['skwola di kom'merʧo]
casino (het)	casinò (m)	[kazi'no]
bouwbedrijven (mv.)	edilizia (f)	[edi'litsia]
adviesbureau (het)	consulenza (f)	[konsu'lentsa]
tandheelkunde (de)	odontoiatria (f)	[odontoja'tria]
design (het)	design (m)	[di'zajn]
apotheek (de)	farmacia (f)	[farma'ʧia]
stomerij (de)	lavanderia (f) a secco	[lavande'ria a 'sekko]
uitzendbureau (het)	agenzia (f) di collocamento	[adʒen'tsia di kolloka'mento]
financiële diensten (mv.)	servizi (m pl) finanziari	[ser'vitsi finan'tsjari]
voedingswaren (mv.)	industria (f) alimentare	[in'dustria alimen'tare]
uitvaartcentrum (het)	agenzia (f) di pompe funebri	[adʒen'tsia di 'pompe 'funebri]
meubilair (het)	mobili (m pl)	['mobili]
kleding (de)	abbigliamento (m)	[abbiʎʎa'mento]
hotel (het)	albergo, hotel (m)	[al'bergo], [o'tel]
ijsje (het)	gelato (m)	[dʒe'lato]
industrie (de)	industria (f)	[in'dustria]
verzekering (de)	assicurazione (f)	[assikura'tsjone]
Internet (het)	internet (f)	['internet]
investeringen (mv.)	investimenti (m pl)	[investi'menti]
juwelier (de)	gioielliere (m)	[dʒojel'ljere]
juwelen (mv.)	gioielli (m pl)	[dʒo'jelli]
wasserette (de)	lavanderia (f)	[lavande'ria]
juridische diensten (mv.)	consulente (m) legale	[konsu'lente le'gale]
lichte industrie (de)	industria (f) leggera	[in'dustria le'dʒera]
tijdschrift (het)	rivista (f)	[ri'vista]
postorderbedrijven (mv.)	vendite (f pl) per corrispondenza	['vendite per korrispon'dentsa]
medicijnen (mv.)	medicina (f)	[medi'ʧina]
bioscoop (de)	cinema (m)	['ʧinema]
museum (het)	museo (m)	[mu'zeo]
persbureau (het)	agenzia (f) di stampa	[adʒen'tsia di 'stampa]
krant (de)	giornale (m)	[dʒor'nale]

nachtclub (de)	locale notturno (m)	[lo'kale not'turno]
olie (aardolie)	petrolio (m)	[pe'trolio]
koerierdienst (de)	corriere (m) espresso	[kor'rjere e'spresso]
farmacie (de)	farmaci (m pl)	['farmatʃi]
drukkerij (de)	stampa (f)	['stampa]
uitgeverij (de)	casa (f) editrice	['kaza edi'tritʃe]
radio (de)	radio (f)	['radio]
vastgoed (het)	beni (m pl) immobili	['beni im'mobili]
restaurant (het)	ristorante (m)	[risto'rante]
bewakingsfirma (de)	agenzia (f) di sicurezza	[adʒen'tsia di siku'rettsa]
sport (de)	sport (m)	[sport]
handelsbeurs (de)	borsa (f)	['borsa]
winkel (de)	negozio (m)	[ne'gotsio]
supermarkt (de)	supermercato (m)	[supermer'kato]
zwembad (het)	piscina (f)	[pi'ʃina]
naaiatelier (het)	sartoria (f)	[sarto'ria]
televisie (de)	televisione (f)	[televi'zjone]
theater (het)	teatro (m)	[te'atro]
handel (de)	commercio (m)	[kom'mertʃo]
transport (het)	mezzi (m pl) di trasporto	['meddzi di tras'porto]
toerisme (het)	viaggio (m)	['vjadʒo]
dierenarts (de)	veterinario (m)	[veteri'nario]
magazijn (het)	deposito, magazzino (m)	[de'pozito], [magad'dzino]
afvalinzameling (de)	trattamento (m) dei rifiuti	[tratta'mento dei ri'fjuti]

Baan. Business. Deel 2

83. Show. Tentoonstelling

beurs (de)	fiera (f)	['fjera]
vakbeurs, handelsbeurs (de)	fiera (f) campionaria	['fjera kampjo'naria]
deelneming (de)	partecipazione (f)	[partetʃipa'tsjone]
deelnemen (ww)	partecipare (vi)	[partetʃi'pare]
deelnemer (de)	partecipante (m)	[partetʃi'pante]
directeur (de)	direttore (m)	[diret'tore]
organisatiecomité (het)	ufficio (m) organizzativo	[uf'fitʃo organiddza'tivo]
organisator (de)	organizzatore (m)	[organiddza'tore]
organiseren (ww)	organizzare (vt)	[organid'dzare]
deelnemingsaanvraag (de)	domanda (f) di partecipazione	[do'manda di partetʃipa'tsjone]
invullen (een formulier ~)	riempire (vt)	[riem'pire]
details (mv.)	dettagli (m pl)	[det'taʎʎi]
informatie (de)	informazione (f)	[informa'tsjone]
prijs (de)	prezzo (m)	['prettso]
inclusief (bijv. ~ BTW)	incluso	[in'kluzo]
inbegrepen (alles ~)	includere (vt)	[in'kludere]
betalen (ww)	pagare (vi, vt)	[pa'gare]
registratietarief (het)	quota (f) d'iscrizione	['kwota diskri'tsjone]
ingang (de)	entrata (f)	[en'trata]
paviljoen (het), hal (de)	padiglione (m)	[padiʎ'ʎone]
registreren (ww)	registrare (vt)	[redʒi'strare]
badge, kaart (de)	tesserino (m)	[tesse'rino]
beursstand (de)	stand (m)	[stend]
reserveren (een stand ~)	prenotare, riservare	[preno'tare], [rizer'vare]
vitrine (de)	vetrina (f)	[ve'trina]
licht (het)	faretto (m)	[fa'retto]
design (het)	design (m)	[di'zajn]
plaatsen (ww)	collocare (vt)	[kollo'kare]
geplaatst zijn (ww)	collocarsi (vr)	[kollo'karsi]
distributeur (de)	distributore (m)	[distribu'tore]
leverancier (de)	fornitore (m)	[forni'tore]
leveren (ww)	fornire (vt)	[for'nire]
land (het)	paese (m)	[pa'eze]
buitenlands (bn)	straniero	[stra'njero]
product (het)	prodotto (m)	[pro'dotto]
associatie (de)	associazione (f)	[assotʃa'tsjone]

conferentiezaal (de)	sala (f) conferenze	['sala konfe'rentse]
congres (het)	congresso (m)	[kon'gresso]
wedstrijd (de)	concorso (m)	[kon'korso]

bezoeker (de)	visitatore (m)	[vizita'tore]
bezoeken (ww)	visitare (vt)	[vizi'tare]
afnemer (de)	cliente (m)	[kli'ente]

84. Wetenschap. Onderzoek. Wetenschappers

wetenschap (de)	scienza (f)	[ʃi'entsa]
wetenschappelijk (bn)	scientifico	[ʃien'tifiko]
wetenschapper (de)	scienziato (m)	[ʃien'tsjato]
theorie (de)	teoria (f)	[teo'ria]

axioma (het)	assioma (m)	[as'sjoma]
analyse (de)	analisi (f)	[a'nalizi]
analyseren (ww)	analizzare (vt)	[analid'dzare]
argument (het)	argomento (m)	[argo'mento]
substantie (de)	sostanza (f)	[so'stantsa]

hypothese (de)	ipotesi (f)	[i'potezi]
dilemma (het)	dilemma (m)	[di'lemma]
dissertatie (de)	tesi (f)	['tezi]
dogma (het)	dogma (m)	['dogma]

doctrine (de)	dottrina (f)	[dot'trina]
onderzoek (het)	ricerca (f)	[ri'tʃerka]
onderzoeken (ww)	fare ricerche	['fare ri'tʃerke]
toetsing (de)	prova (f)	['prova]
laboratorium (het)	laboratorio (m)	[labora'torio]

methode (de)	metodo (m)	['metodo]
molecule (de/het)	molecola (f)	[mo'lekola]
monitoring (de)	monitoraggio (m)	[monito'radʒo]
ontdekking (de)	scoperta (f)	[sko'perta]

postulaat (het)	postulato (m)	[postu'lato]
principe (het)	principio (m)	[prin'tʃipjo]
voorspelling (de)	previsione (f)	[previ'zjone]
een prognose maken	fare previsioni	[fare previ'zjoni]

synthese (de)	sintesi (f)	['sintezi]
tendentie (de)	tendenza (f)	[ten'dentsa]
theorema (het)	teorema (m)	[teo'rema]

leerstellingen (mv.)	insegnamento (m)	[inse'ɲamento]
feit (het)	fatto (m)	['fatto]
expeditie (de)	spedizione (f)	[spedi'tsjone]
experiment (het)	esperimento (m)	[esperi'mento]

academicus (de)	accademico (m)	[akka'demiko]
bachelor (bijv. BA, LLB)	laureato (m)	[laure'ato]
doctor (de)	dottore (m)	[dot'tore]

universitair docent (de)	professore (m) associato	[profes'sore assotʃi'ato]
master, magister (de)	Master (m)	['master]
professor (de)	professore (m)	[profes'sore]

Beroepen en ambachten

85. Zoeken naar werk. Ontslag

baan (de)	lavoro (m)	[la'voro]
personeel (het)	organico (m)	[or'ganiko]
carrière (de)	carriera (f)	[kar'rjera]
vooruitzichten (mv.)	prospettiva (f)	[prospet'tiva]
meesterschap (het)	abilità (f pl)	[abili'ta]
keuze (de)	selezione (f)	[sele'tsjone]
uitzendbureau (het)	agenzia (f) di collocamento	[adʒen'tsia di kolloka'mento]
CV, curriculum vitae (het)	curriculum vitae (f)	[kur'rikulum 'vite]
sollicitatiegesprek (het)	colloquio (m)	[kol'lokwio]
vacature (de)	posto (m) vacante	['posto va'kante]
salaris (het)	salario (m)	[sa'lario]
vaste salaris (het)	stipendio (m) fisso	[sti'pendio 'fisso]
loon (het)	compenso (m)	[kom'penso]
betrekking (de)	carica (f)	['karika]
taak, plicht (de)	mansione (f)	[man'sjone]
takenpakket (het)	mansioni (f pl) di lavoro	[man'sjoni di la'voro]
bezig (~ zijn)	occupato	[okku'pato]
ontslagen (ww)	licenziare (vt)	[litʃen'tsjare]
ontslag (het)	licenziamento (m)	[litʃentsja'mento]
werkloosheid (de)	disoccupazione (f)	[disokkupa'tsjone]
werkloze (de)	disoccupato (m)	[disokku'pato]
pensioen (het)	pensionamento (m)	[pensjona'mento]
met pensioen gaan	andare in pensione	[an'dare in pen'sjone]

86. Zakenmensen

directeur (de)	direttore (m)	[diret'tore]
beheerder (de)	dirigente (m)	[diri'dʒente]
hoofd (het)	capo (m)	['kapo]
baas (de)	capo (m), superiore (m)	['kapo], [supe'rjore]
superieuren (mv.)	capi (m pl)	['kapi]
president (de)	presidente (m)	[prezi'dente]
voorzitter (de)	presidente (m)	[prezi'dente]
adjunct (de)	vice (m)	['vitʃe]
assistent (de)	assistente (m)	[assi'stente]
secretaris (de)	segretario (m)	[segre'tario]

persoonlijke assistent (de)	assistente (m) personale	[assi'stente perso'nale]
zakenman (de)	uomo (m) d'affari	[u'omo daf'fari]
ondernemer (de)	imprenditore (m)	[imprendi'tore]
oprichter (de)	fondatore (m)	[fonda'tore]
oprichten (een nieuw bedrijf ~)	fondare (vt)	[fon'dare]

stichter (de)	socio (m)	['sotʃo]
partner (de)	partner (m)	['partner]
aandeelhouder (de)	azionista (m)	[atsio'nista]

miljonair (de)	milionario (m)	[miljo'nario]
miljardair (de)	miliardario (m)	[miljar'dario]
eigenaar (de)	proprietario (m)	[proprie'tario]
landeigenaar (de)	latifondista (m)	[latifon'dista]

klant (de)	cliente (m)	[kli'ente]
vaste klant (de)	cliente (m) abituale	[kli'ente abitu'ale]
koper (de)	compratore (m)	[kompra'tore]
bezoeker (de)	visitatore (m)	[vizita'tore]

professioneel (de)	professionista (m)	[professjo'nista]
expert (de)	esperto (m)	[e'sperto]
specialist (de)	specialista (m)	[spetʃa'lista]

| bankier (de) | banchiere (m) | [baŋ'kjere] |
| makelaar (de) | broker (m) | ['broker] |

kassier (de)	cassiere (m)	[kas'sjere]
boekhouder (de)	contabile (m)	[kon'tabile]
bewaker (de)	guardia (f) giurata	['gwardia dʒu'rata]

investeerder (de)	investitore (m)	[investi'tore]
schuldenaar (de)	debitore (m)	[debi'tore]
crediteur (de)	creditore (m)	[kredi'tore]
lener (de)	mutuatario (m)	[mutua'tario]

| importeur (de) | importatore (m) | [importa'tore] |
| exporteur (de) | esportatore (m) | [esporta'tore] |

producent (de)	produttore (m)	[produt'tore]
distributeur (de)	distributore (m)	[distribu'tore]
bemiddelaar (de)	intermediario (m)	[interme'djario]

adviseur, consulent (de)	consulente (m)	[konsu'lente]
vertegenwoordiger (de)	rappresentante (m)	[rapprezen'tante]
agent (de)	agente (m)	[a'dʒente]
verzekeringsagent (de)	assicuratore (m)	[assikura'tore]

87. Dienstverlenende beroepen

kok (de)	cuoco (m)	[ku'oko]
chef-kok (de)	capocuoco (m)	[kapo·ku'oko]
bakker (de)	fornaio (m)	[for'najo]

barman (de)	barista (m)	[ba'rista]
kelner, ober (de)	cameriere (m)	[kame'rjere]
serveerster (de)	cameriera (f)	[kame'rjera]
advocaat (de)	avvocato (m)	[avvo'kato]
jurist (de)	esperto (m) legale	[e'sperto le'gale]
notaris (de)	notaio (m)	[no'tajo]
elektricien (de)	elettricista (m)	[elettri'tʃista]
loodgieter (de)	idraulico (m)	[i'drauliko]
timmerman (de)	falegname (m)	[fale'ɲame]
masseur (de)	massaggiatore (m)	[massadʒa'tore]
masseuse (de)	massaggiatrice (f)	[massadʒa'tritʃe]
dokter, arts (de)	medico (m)	['mediko]
taxichauffeur (de)	taxista (m)	[ta'ksista]
chauffeur (de)	autista (m)	[au'tista]
koerier (de)	fattorino (m)	[fatto'rino]
kamermeisje (het)	cameriera (f)	[kame'rjera]
bewaker (de)	guardia (f) giurata	['gwardia dʒu'rata]
stewardess (de)	hostess (f)	['ostess]
meester (de)	insegnante (m, f)	[inse'ɲante]
bibliothecaris (de)	bibliotecario (m)	[bibliote'kario]
vertaler (de)	traduttore (m)	[tradut'tore]
tolk (de)	interprete (m)	[in'terprete]
gids (de)	guida (f)	['gwida]
kapper (de)	parrucchiere (m)	[parruk'kjere]
postbode (de)	postino (m)	[po'stino]
verkoper (de)	commesso (m)	[kom'messo]
tuinman (de)	giardiniere (m)	[dʒardi'njere]
huisbediende (de)	domestico (m)	[do'mestiko]
dienstmeisje (het)	domestica (f)	[do'mestika]
schoonmaakster (de)	donna (f) delle pulizie	['donna 'delle puli'tsie]

88. Militaire beroepen en rangen

soldaat (rang)	soldato (m) semplice	[sol'dato 'semplitʃe]
sergeant (de)	sergente (m)	[ser'dʒente]
luitenant (de)	tenente (m)	[te'nente]
kapitein (de)	capitano (m)	[kapi'tano]
majoor (de)	maggiore (m)	[ma'dʒore]
kolonel (de)	colonnello (m)	[kolon'nello]
generaal (de)	generale (m)	[dʒene'rale]
maarschalk (de)	maresciallo (m)	[mare'ʃallo]
admiraal (de)	ammiraglio (m)	[ammi'raʎʎo]
militair (de)	militare (m)	[mili'tare]
soldaat (de)	soldato (m)	[sol'dato]

officier (de)	ufficiale (m)	[uffi'tʃale]
commandant (de)	comandante (m)	[koman'dante]
grenswachter (de)	guardia (f) di frontiera	['gwardia di fron'tjera]
marconist (de)	marconista (m)	[marko'nista]
verkenner (de)	esploratore (m)	[esplora'tore]
sappeur (de)	geniere (m)	[dʒe'njere]
schutter (de)	tiratore (m)	[tira'tore]
stuurman (de)	navigatore (m)	[naviga'tore]

89. Ambtenaren. Priesters

koning (de)	re (m)	[re]
koningin (de)	regina (f)	[re'dʒina]
prins (de)	principe (m)	['printʃipe]
prinses (de)	principessa (f)	[printʃi'pessa]
tsaar (de)	zar (m)	[tsar]
tsarina (de)	zarina (f)	[tsa'rina]
president (de)	presidente (m)	[prezi'dente]
minister (de)	ministro (m)	[mi'nistro]
eerste minister (de)	primo ministro (m)	['primo mi'nistro]
senator (de)	senatore (m)	[sena'tore]
diplomaat (de)	diplomatico (m)	[diplo'matiko]
consul (de)	console (m)	['konsole]
ambassadeur (de)	ambasciatore (m)	[ambaʃa'tore]
adviseur (de)	consigliere (m)	[konsiʎ'ʎere]
ambtenaar (de)	funzionario (m)	[funtsio'nario]
prefect (de)	prefetto (m)	[pre'fetto]
burgemeester (de)	sindaco (m)	['sindako]
rechter (de)	giudice (m)	['dʒuditʃe]
aanklager (de)	procuratore (m)	[prokura'tore]
missionaris (de)	missionario (m)	[missio'nario]
monnik (de)	monaco (m)	['monako]
abt (de)	abate (m)	[a'bate]
rabbi, rabbijn (de)	rabbino (m)	[rab'bino]
vizier (de)	visir (m)	[vi'zir]
sjah (de)	scià (m)	['ʃa]
sjeik (de)	sceicco (m)	[ʃe'ikko]

90. Agrarische beroepen

imker (de)	apicoltore (m)	[apikol'tore]
herder (de)	pastore (m)	[pa'store]
landbouwkundige (de)	agronomo (m)	[a'gronomo]

veehouder (de)	allevatore (m) di bestiame	[alleva'tore di bes'tjame]
dierenarts (de)	veterinario (m)	[veteri'nario]
landbouwer (de)	fattore (m)	[fat'tore]
wijnmaker (de)	vinificatore (m)	[vinifika'tore]
zoöloog (de)	zoologo (m)	[dzo'ologo]
cowboy (de)	cowboy (m)	[kaw'boj]

91. Kunst beroepen

acteur (de)	attore (m)	[at'tore]
actrice (de)	attrice (f)	[at'tritʃe]
zanger (de)	cantante (m)	[kan'tante]
zangeres (de)	cantante (f)	[kan'tante]
danser (de)	danzatore (m)	[dantsa'tore]
danseres (de)	ballerina (f)	[balle'rina]
artiest (mann.)	artista (m)	[ar'tista]
artiest (vrouw.)	artista (f)	[ar'tista]
muzikant (de)	musicista (m)	[muzi'tʃista]
pianist (de)	pianista (m)	[pia'nista]
gitarist (de)	chitarrista (m)	[kitar'rista]
orkestdirigent (de)	direttore (m) d'orchestra	[diret'tore dor'kestra]
componist (de)	compositore (m)	[kompozi'tore]
impresario (de)	impresario (m)	[impre'zario]
filmregisseur (de)	regista (m)	[re'dʒista]
filmproducent (de)	produttore (m)	[produt'tore]
scenarioschrijver (de)	sceneggiatore (m)	[ʃenedʒa'tore]
criticus (de)	critico (m)	['kritiko]
schrijver (de)	scrittore (m)	[skrit'tore]
dichter (de)	poeta (m)	[po'eta]
beeldhouwer (de)	scultore (m)	[skul'tore]
kunstenaar (de)	pittore (m)	[pit'tore]
jongleur (de)	giocoliere (m)	[dʒoko'ljere]
clown (de)	pagliaccio (m)	[paʎ'ʎatʃo]
acrobaat (de)	acrobata (m)	[a'krobata]
goochelaar (de)	prestigiatore (m)	[prestidʒa'tore]

92. Verschillende beroepen

dokter, arts (de)	medico (m)	['mediko]
ziekenzuster (de)	infermiera (f)	[infer'mjera]
psychiater (de)	psichiatra (m)	[psiki'atra]
tandarts (de)	dentista (m)	[den'tista]
chirurg (de)	chirurgo (m)	[ki'rurgo]

astronaut (de)	astronauta (m)	[astro'nauta]
astronoom (de)	astronomo (m)	[a'stronomo]
chauffeur (de)	autista (m)	[au'tista]
machinist (de)	macchinista (m)	[makki'nista]
mecanicien (de)	meccanico (m)	[mek'kaniko]
mijnwerker (de)	minatore (m)	[mina'tore]
arbeider (de)	operaio (m)	[ope'rajo]
bankwerker (de)	operaio (m) metallurgico	[ope'rajo metal'lurdʒiko]
houtbewerker (de)	falegname (m)	[fale'ɲame]
draaier (de)	tornitore (m)	[torni'tore]
bouwvakker (de)	operaio (m) edile	[ope'rajo e'dile]
lasser (de)	saldatore (m)	[salda'tore]
professor (de)	professore (m)	[profes'sore]
architect (de)	architetto (m)	[arki'tetto]
historicus (de)	storico (m)	['storiko]
wetenschapper (de)	scienziato (m)	[ʃien'tsjato]
fysicus (de)	fisico (m)	['fiziko]
scheikundige (de)	chimico (m)	['kimiko]
archeoloog (de)	archeologo (m)	[arke'ologo]
geoloog (de)	geologo (m)	[dʒe'ologo]
onderzoeker (de)	ricercatore (m)	[ritʃerka'tore]
babysitter (de)	baby-sitter (f)	[bebi'siter]
leraar, pedagoog (de)	insegnante (m, f)	[inse'ɲante]
redacteur (de)	redattore (m)	[redat'tore]
chef-redacteur (de)	redattore capo (m)	[redat'tore 'kapo]
correspondent (de)	corrispondente (m)	[korrispon'dente]
typiste (de)	dattilografa (f)	[datti'lografa]
designer (de)	designer (m)	[di'zajner]
computerexpert (de)	esperto (m) informatico	[e'sperto infor'matiko]
programmeur (de)	programmatore (m)	[programma'tore]
ingenieur (de)	ingegnere (m)	[indʒe'ɲere]
matroos (de)	marittimo (m)	[ma'rittimo]
zeeman (de)	marinaio (m)	[mari'najo]
redder (de)	soccorritore (m)	[sokkorri'tore]
brandweerman (de)	pompiere (m)	[pom'pjere]
politieagent (de)	poliziotto (m)	[poli'tsjotto]
nachtwaker (de)	guardiano (m)	[gwar'djano]
detective (de)	detective (m)	[de'tektiv]
douanier (de)	doganiere (m)	[doga'njere]
lijfwacht (de)	guardia (f) del corpo	['gwardia del 'korpo]
gevangenisbewaker (de)	guardia (f) carceraria	['gwardia kartʃe'raria]
inspecteur (de)	ispettore (m)	[ispet'tore]
sportman (de)	sportivo (m)	[spor'tivo]
trainer (de)	allenatore (m)	[allena'tore]
slager, beenhouwer (de)	macellaio (m)	[matʃel'lajo]

schoenlapper (de)	calzolaio (m)	[kaltso'lajo]
handelaar (de)	uomo (m) d'affari	[u'omo daf'fari]
lader (de)	caricatore (m)	[karika'tore]
kledingstilist (de)	stilista (m)	[sti'lista]
model (het)	modella (f)	[mo'della]

93. Beroepen. Sociale status

scholier (de)	scolaro (m)	[sko'laro]
student (de)	studente (m)	[stu'dente]
filosoof (de)	filosofo (m)	[fi'lozofo]
econoom (de)	economista (m)	[ekono'mista]
uitvinder (de)	inventore (m)	[inven'tore]
werkloze (de)	disoccupato (m)	[disokku'pato]
gepensioneerde (de)	pensionato (m)	[pensjo'nato]
spion (de)	spia (f)	['spia]
gedetineerde (de)	detenuto (m)	[dete'nuto]
staker (de)	scioperante (m)	[ʃope'rante]
bureaucraat (de)	burocrate (m)	[bu'rokrate]
reiziger (de)	viaggiatore (m)	[vjadʒa'tore]
homoseksueel (de)	omosessuale (m)	[omosessu'ale]
hacker (computerkraker)	hacker (m)	['aker]
hippie (de)	hippy	['ippi]
bandiet (de)	bandito (m)	[ban'dito]
huurmoordenaar (de)	sicario (m)	[si'kario]
drugsverslaafde (de)	drogato (m)	[dro'gato]
drugshandelaar (de)	trafficante (m) di droga	[traffi'kante di 'droga]
prostituee (de)	prostituta (f)	[prosti'tuta]
pooier (de)	magnaccia (m)	[ma'ɲatʃa]
tovenaar (de)	stregone (m)	[stre'gone]
tovenares (de)	strega (f)	['strega]
piraat (de)	pirata (m)	[pi'rata]
slaaf (de)	schiavo (m)	['skjavo]
samoerai (de)	samurai (m)	[samu'raj]
wilde (de)	selvaggio (m)	[sel'vadʒo]

Onderwijs

94. School

school (de)	scuola (f)	['skwola]
schooldirecteur (de)	direttore (m) di scuola	[diret'tore di 'skwola]
leerling (de)	allievo (m)	[al'ljevo]
leerlinge (de)	allieva (f)	[al'ljeva]
scholier (de)	scolaro (m)	[sko'laro]
scholiere (de)	scolara (f)	[sko'lara]
leren (lesgeven)	insegnare	[inse'ɲare]
studeren (bijv. een taal ~)	imparare (vt)	[impa'rare]
van buiten leren	imparare a memoria	[impa'rare a me'moria]
leren (bijv. ~ tellen)	studiare (vi)	[stu'djare]
in school zijn (schooljongen zijn)	frequentare la scuola	[frekwen'tare la 'skwola]
naar school gaan	andare a scuola	[an'dare a 'skwola]
alfabet (het)	alfabeto (m)	[alfa'beto]
vak (schoolvak)	materia (f)	[ma'teria]
klaslokaal (het)	classe (f)	['klasse]
les (de)	lezione (f)	[le'tsjone]
pauze (de)	ricreazione (f)	[rikrea'tsjone]
bel (de)	campanella (f)	[kampa'nella]
schooltafel (de)	banco (m)	['banko]
schoolbord (het)	lavagna (f)	[la'vaɲa]
cijfer (het)	voto (m)	['voto]
goed cijfer (het)	voto (m) alto	['voto 'alto]
slecht cijfer (het)	voto (m) basso	['voto 'basso]
een cijfer geven	dare un voto	['dare un 'voto]
fout (de)	errore (m)	[er'rore]
fouten maken	fare errori	['fare er'rori]
corrigeren (fouten ~)	correggere (vt)	[kor'redʒere]
spiekbriefje (het)	bigliettino (m)	[biʎʎet'tino]
huiswerk (het)	compiti (m pl)	['kompiti]
oefening (de)	esercizio (m)	[ezer'tʃitsio]
aanwezig zijn (ww)	essere presente	['essere pre'zente]
absent zijn (ww)	essere assente	['essere as'sente]
school verzuimen	mancare le lezioni	[man'kare le le'tsjoni]
bestraffen (een stout kind ~)	punire (vt)	[pu'nire]
bestraffing (de)	punizione (f)	[puni'tsjone]

gedrag (het)	comportamento (m)	[komporta'mento]
cijferlijst (de)	pagella (f)	[pa'dʒella]
potlood (het)	matita (f)	[ma'tita]
gom (de)	gomma (f) per cancellare	['gomma per kantʃel'lare]
krijt (het)	gesso (m)	['dʒesso]
pennendoos (de)	astuccio (m) portamatite	[as'tutʃo portama'tite]
boekentas (de)	cartella (f)	[kar'tella]
pen (de)	penna (f)	['penna]
schrift (de)	quaderno (m)	[kwa'derno]
leerboek (het)	manuale (m)	[manu'ale]
passer (de)	compasso (m)	[kom'passo]
technisch tekenen (ww)	disegnare (vt)	[dize'ɲare]
technische tekening (de)	disegno (m) tecnico	[di'zeɲo 'tekniko]
gedicht (het)	poesia (f)	[poe'zia]
van buiten (bw)	a memoria	[a me'moria]
van buiten leren	imparare a memoria	[impa'rare a me'moria]
vakantie (de)	vacanze (f pl) scolastiche	[va'kantse sko'lastike]
met vakantie zijn	essere in vacanza	['essere in va'kantsa]
vakantie doorbrengen	passare le vacanze	[pas'sare le va'kantse]
toets (schriftelijke ~)	prova (f) scritta	['prova 'skritta]
opstel (het)	composizione (f)	[kompozi'tsjone]
dictee (het)	dettato (m)	[det'tato]
examen (het)	esame (m)	[e'zame]
examen afleggen	sostenere un esame	[soste'neme un e'zame]
experiment (het)	esperimento (m)	[esperi'mento]

95. Hogeschool. Universiteit

academie (de)	accademia (f)	[akka'demia]
universiteit (de)	università (f)	[universi'ta]
faculteit (de)	facoltà (f)	[fakol'ta]
student (de)	studente (m)	[stu'dente]
studente (de)	studentessa (f)	[studen'tessa]
leraar (de)	docente (m, f)	[do'tʃente]
collegezaal (de)	aula (f)	['aula]
afgestudeerde (de)	diplomato (m)	[diplo'mato]
diploma (het)	diploma (m)	[di'ploma]
dissertatie (de)	tesi (f)	['tezi]
onderzoek (het)	ricerca (f)	[ri'tʃerka]
laboratorium (het)	laboratorio (m)	[labora'torio]
college (het)	lezione (f)	[le'tsjone]
medestudent (de)	compagno (m) di corso	[kom'paɲo di 'korso]
studiebeurs (de)	borsa (f) di studio	['borsa di 'studio]
academische graad (de)	titolo (m) accademico	['titolo akka'demiko]

96. Wetenschappen. Disciplines

wiskunde (de)	matematica (f)	[mate'matika]
algebra (de)	algebra (f)	['aldʒebra]
meetkunde (de)	geometria (f)	[dʒeome'tria]
astronomie (de)	astronomia (f)	[astrono'mia]
biologie (de)	biologia (f)	[biolo'dʒia]
geografie (de)	geografia (f)	[dʒeogra'fia]
geologie (de)	geologia (f)	[dʒeolo'dʒia]
geschiedenis (de)	storia (f)	['storia]
geneeskunde (de)	medicina (f)	[medi'tʃina]
pedagogiek (de)	pedagogia (f)	[pedago'dʒia]
rechten (mv.)	diritto (m)	[di'ritto]
fysica, natuurkunde (de)	fisica (f)	['fizika]
scheikunde (de)	chimica (f)	['kimika]
filosofie (de)	filosofia (f)	[filozo'fia]
psychologie (de)	psicologia (f)	[psikolo'dʒia]

97. Schrift. Spelling

grammatica (de)	grammatica (f)	[gram'matika]
vocabulaire (het)	lessico (m)	['lessiko]
fonetiek (de)	fonetica (f)	[fo'netika]
zelfstandig naamwoord (het)	sostantivo (m)	[sostan'tivo]
bijvoeglijk naamwoord (het)	aggettivo (m)	[adʒet'tivo]
werkwoord (het)	verbo (m)	['verbo]
bijwoord (het)	avverbio (m)	[av'verbio]
voornaamwoord (het)	pronome (m)	[pro'nome]
tussenwerpsel (het)	interiezione (f)	[interje'tsjone]
voorzetsel (het)	preposizione (f)	[prepozi'tsjone]
stam (de)	radice (f)	[ra'ditʃe]
achtervoegsel (het)	desinenza (f)	[dezi'nentsa]
voorvoegsel (het)	prefisso (m)	[pre'fisso]
lettergreep (de)	sillaba (f)	['sillaba]
achtervoegsel (het)	suffisso (m)	[suf'fisso]
nadruk (de)	accento (m)	[a'tʃento]
afkappingsteken (het)	apostrofo (m)	[a'postrofo]
punt (de)	punto (m)	['punto]
komma (de/het)	virgola (f)	['virgola]
puntkomma (de)	punto (m) e virgola	['punto e 'virgola]
dubbelpunt (de)	due punti	['due 'punti]
beletselteken (het)	puntini (m pl) di sospensione	[pun'tini di sospen'sjone]
vraagteken (het)	punto (m) interrogativo	['punto interroga'tivo]
uitroepteken (het)	punto (m) esclamativo	['punto esklama'tivo]

aanhalingstekens (mv.)	virgolette (f pl)	[virgo'lette]
tussen aanhalingstekens (bw)	tra virgolette	[tra virgo'lette]
haakjes (mv.)	parentesi (f pl)	[pa'rentezi]
tussen haakjes (bw)	tra parentesi	[tra pa'rentezi]
streepje (het)	trattino (m)	[trat'tino]
gedachtestreepje (het)	lineetta (f)	[line'etta]
spatie	spazio (m)	['spatsio]
(~ tussen twee woorden)		
letter (de)	lettera (f)	['lettera]
hoofdletter (de)	lettera (f) maiuscola	['lettera ma'juskola]
klinker (de)	vocale (f)	[vo'kale]
medeklinker (de)	consonante (f)	[konso'nante]
zin (de)	proposizione (f)	[propozi'tsjone]
onderwerp (het)	soggetto (m)	[so'dʒetto]
gezegde (het)	predicato (m)	[predi'kato]
regel (in een tekst)	riga (f)	['riga]
op een nieuwe regel (bw)	a capo	[a 'kapo]
alinea (de)	capoverso (m)	[kapo'verso]
woord (het)	parola (f)	[pa'rola]
woordgroep (de)	gruppo (m) di parole	['gruppo di pa'role]
uitdrukking (de)	espressione (f)	[espres'sjone]
synoniem (het)	sinonimo (m)	[si'nonimo]
antoniem (het)	antonimo (m)	[an'tonimo]
regel (de)	regola (f)	['regola]
uitzondering (de)	eccezione (f)	[etʃe'tsjone]
correct (bijv. ~e spelling)	corretto	[kor'retto]
vervoeging, conjugatie (de)	coniugazione (f)	[konjuga'tsjone]
verbuiging, declinatie (de)	declinazione (f)	[deklina'tsjone]
naamval (de)	caso (m) nominativo	['kazo nomina'tivo]
vraag (de)	domanda (f)	[do'manda]
onderstrepen (ww)	sottolineare (vt)	[sottoline'are]
stippellijn (de)	linea (f) tratteggiata	['linea tratte'dʒata]

98. Vreemde talen

taal (de)	lingua (f)	['lingua]
vreemd (bn)	straniero	[stra'njero]
vreemde taal (de)	lingua (f) straniera	['lingua stra'njera]
leren (bijv. van buiten ~)	studiare (vt)	[stu'djare]
studeren (Nederlands ~)	imparare (vt)	[impa'rare]
lezen (ww)	leggere (vi, vt)	['ledʒere]
spreken (ww)	parlare (vi, vt)	[par'lare]
begrijpen (ww)	capire (vt)	[ka'pire]
schrijven (ww)	scrivere (vi, vt)	['skrivere]
snel (bw)	rapidamente	[rapida'mente]

langzaam (bw)	lentamente	[lenta'mente]
vloeiend (bw)	correntemente	[korrente'mente]
regels (mv.)	regole (f pl)	['regole]
grammatica (de)	grammatica (f)	[gram'matika]
vocabulaire (het)	lessico (m)	['lessiko]
fonetiek (de)	fonetica (f)	[fo'netika]
leerboek (het)	manuale (m)	[manu'ale]
woordenboek (het)	dizionario (m)	[ditsjo'nario]
leerboek (het) voor zelfstudie	manuale (m) autodidattico	[manu'ale autodi'dattiko]
taalgids (de)	frasario (m)	[fra'zario]
cassette (de)	cassetta (f)	[kas'setta]
videocassette (de)	videocassetta (f)	[video·kas'setta]
CD (de)	CD (m)	[tʃi'di]
DVD (de)	DVD (m)	[divu'di]
alfabet (het)	alfabeto (m)	[alfa'beto]
spellen (ww)	compitare (vt)	[kompi'tare]
uitspraak (de)	pronuncia (f)	[pro'nuntʃa]
accent (het)	accento (m)	[a'tʃento]
met een accent (bw)	con un accento	[kon un a'tʃento]
zonder accent (bw)	senza accento	['sentsa a'tʃento]
woord (het)	vocabolo (m)	[vo'kabolo]
betekenis (de)	significato (m)	[siɲifi'kato]
cursus (de)	corso (m)	['korso]
zich inschrijven (ww)	iscriversi (vr)	[is'kriversi]
leraar (de)	insegnante (m, f)	[inse'ɲante]
vertaling (een ~ maken)	traduzione (f)	[tradu'tsjone]
vertaling (tekst)	traduzione (f)	[tradu'tsjone]
vertaler (de)	traduttore (m)	[tradut'tore]
tolk (de)	interprete (m)	[in'terprete]
polyglot (de)	poliglotta (m)	[poli'glotta]
geheugen (het)	memoria (f)	[me'moria]

Rusten. Entertainment. Reizen

99. Trip. Reizen

toerisme (het)	**turismo** (m)	[tu'rizmo]
toerist (de)	**turista** (m)	[tu'rista]
reis (de)	**viaggio** (m)	['vjadʒo]
avontuur (het)	**avventura** (f)	[avven'tura]
tocht (de)	**viaggio** (m)	['vjadʒo]
vakantie (de)	**vacanza** (f)	[va'kantsa]
met vakantie zijn	**essere in vacanza**	['essere in va'kantsa]
rust (de)	**riposo** (m)	[ri'pozo]
trein (de)	**treno** (m)	['treno]
met de trein	**in treno**	[in 'treno]
vliegtuig (het)	**aereo** (m)	[a'ereo]
met het vliegtuig	**in aereo**	[in a'ereo]
met de auto	**in macchina**	[in 'makkina]
per schip (bw)	**in nave**	[in 'nave]
bagage (de)	**bagaglio** (m)	[ba'gaʎʎo]
valies (de)	**valigia** (f)	[va'lidʒa]
bagagekarretje (het)	**carrello** (m)	[kar'rello]
paspoort (het)	**passaporto** (m)	[passa'porto]
visum (het)	**visto** (m)	['visto]
kaartje (het)	**biglietto** (m)	[biʎ'ʎetto]
vliegticket (het)	**biglietto** (m) **aereo**	[biʎ'ʎetto a'ereo]
reisgids (de)	**guida** (f)	['gwida]
kaart (de)	**carta** (f) **geografica**	['karta dʒeo'grafika]
gebied (landelijk ~)	**località** (f)	[lokali'ta]
plaats (de)	**luogo** (m)	[lu'ogo]
exotische bestemming (de)	**ogetti** (m pl) **esotici**	[o'dʒetti e'zotitʃi]
exotisch (bn)	**esotico**	[e'zotiko]
verwonderlijk (bn)	**sorprendente**	[sorpren'dente]
groep (de)	**gruppo** (m)	['gruppo]
rondleiding (de)	**escursione** (f)	[eskur'sjone]
gids (de)	**guida** (f)	['gwida]

100. Hotel

hotel (het)	**albergo, hotel** (m)	[al'bergo], [o'tel]
motel (het)	**motel** (m)	[mo'tel]
3-sterren	**tre stelle**	[tre 'stelle]

5-sterren	cinque stelle	['tʃinkwe 'stelle]
overnachten (ww)	alloggiare (vi)	[allo'dʒare]

kamer (de)	camera (f)	['kamera]
eenpersoonskamer (de)	camera (f) singola	['kamera 'singola]
tweepersoonskamer (de)	camera (f) doppia	['kamera 'doppia]
een kamer reserveren	prenotare una camera	[preno'tare 'una 'kamera]

halfpension (het)	mezza pensione (f)	['meddza pen'sjone]
volpension (het)	pensione (f) completa	[pen'sjone kom'pleta]

met badkamer	con bagno	[kon 'baɲo]
met douche	con doccia	[kon 'dotʃa]
satelliet-tv (de)	televisione (f) satellitare	[televi'zjone satelli'tare]
airconditioner (de)	condizionatore (m)	[konditsiona'tore]
handdoek (de)	asciugamano (m)	[aʃuga'mano]
sleutel (de)	chiave (f)	['kjave]

administrateur (de)	amministratore (m)	[amministra'tore]
kamermeisje (het)	cameriera (f)	[kame'rjera]
piccolo (de)	portabagagli (m)	[porta·ba'gaʎʎi]
portier (de)	portiere (m)	[por'tjere]

restaurant (het)	ristorante (m)	[risto'rante]
bar (de)	bar (m)	[bar]
ontbijt (het)	colazione (f)	[kola'tsjone]
avondeten (het)	cena (f)	['tʃena]
buffet (het)	buffet (m)	[buf'fe]

hal (de)	hall (f)	[oll]
lift (de)	ascensore (m)	[aʃen'sore]

NIET STOREN	NON DISTURBARE	[non distur'bare]
VERBODEN TE ROKEN!	VIETATO FUMARE!	[vje'tato fu'mare]

TECHNISCHE APPARATUUR. VERVOER

Technische apparatuur

101. Computer

computer (de)	computer (m)	[kom'pjuter]
laptop (de)	computer (m) portatile	[kom'pjuter por'tatile]
aanzetten (ww)	accendere (vt)	[a'tʃendere]
uitzetten (ww)	spegnere (vt)	['speɲere]
toetsenbord (het)	tastiera (f)	[tas'tjera]
toets (enter~)	tasto (m)	['tasto]
muis (de)	mouse (m)	['maus]
muismat (de)	tappetino (m) del mouse	[tappe'tino del 'maus]
knopje (het)	tasto (m)	['tasto]
cursor (de)	cursore (m)	[kur'sore]
monitor (de)	monitor (m)	['monitor]
scherm (het)	schermo (m)	['skermo]
harde schijf (de)	disco (m) rigido	['disko 'ridʒido]
volume (het) van de harde schijf	spazio (m) sul disco rigido	['spatsio sul 'disko 'ridʒido]
geheugen (het)	memoria (f)	[me'moria]
RAM-geheugen (het)	memoria (f) operativa	[me'moria opera'tiva]
bestand (het)	file (m)	[fajl]
folder (de)	cartella (f)	[kar'tella]
openen (ww)	aprire (vt)	[a'prire]
sluiten (ww)	chiudere (vt)	['kjudere]
opslaan (ww)	salvare (vt)	[sal'vare]
verwijderen (wissen)	eliminare (vt)	[elimi'nare]
kopiëren (ww)	copiare (vt)	[ko'pjare]
sorteren (ww)	ordinare (vt)	[ordi'nare]
overplaatsen (ww)	trasferire (vt)	[trasfe'rire]
programma (het)	programma (m)	[pro'gramma]
software (de)	software (m)	['softwea]
programmeur (de)	programmatore (m)	[programma'tore]
programmeren (ww)	programmare (vt)	[program'mare]
hacker (computerkraker)	hacker (m)	['aker]
wachtwoord (het)	password (f)	['password]
virus (het)	virus (m)	['virus]
ontdekken (virus ~)	trovare (vt)	[tro'vare]

byte (de)	byte (m)	[bajt]
megabyte (de)	megabyte (m)	['megabajt]
data (de)	dati (m pl)	['dati]
databank (de)	database (m)	['databejz]
kabel (USB-~, enz.)	cavo (m)	['kavo]
afsluiten (ww)	sconnettere (vt)	[skon'nettere]
aansluiten op (ww)	collegare (vt)	[kolle'gare]

102. Internet. E-mail

internet (het)	internet (f)	['internet]
browser (de)	navigatore (m)	[naviga'tore]
zoekmachine (de)	motore (m) di ricerca	[mo'tore di ri'tʃerka]
internetprovider (de)	provider (m)	[pro'vajder]
webmaster (de)	webmaster (m)	web'master]
website (de)	sito web (m)	['sito web]
webpagina (de)	pagina web (f)	['padʒina web]
adres (het)	indirizzo (m)	[indi'rittso]
adresboek (het)	rubrica (f) indirizzi	[ru'brika indi'rittsi]
postvak (het)	casella (f) di posta	[ka'zella di 'posta]
post (de)	posta (f)	['posta]
vol (~ postvak)	battaglia (f)	[bat'taʎʎa]
bericht (het)	messaggio (m)	[mes'sadʒo]
binnenkomende berichten (mv.)	messaggi (m pl) in arrivo	[mes'sadʒi in ar'rivo]
uitgaande berichten (mv.)	messaggi (m pl) in uscita	[mes'sadʒo in u'ʃita]
verzender (de)	mittente (m)	[mit'tente]
verzenden (ww)	inviare (vt)	[in'vjare]
verzending (de)	invio (m)	[in'vio]
ontvanger (de)	destinatario (m)	[destina'tario]
ontvangen (ww)	ricevere (vt)	[ri'tʃevere]
correspondentie (de)	corrispondenza (f)	[korrispon'dentsa]
corresponderen (met ...)	essere in corrispondenza	['essere in korrispon'dentsa]
bestand (het)	file (m)	[fajl]
downloaden (ww)	scaricare (vt)	[skari'kare]
creëren (ww)	creare (vt)	[kre'are]
verwijderen (een bestand ~)	eliminare (vt)	[elimi'nare]
verwijderd (bn)	eliminato	[elimi'nato]
verbinding (de)	connessione (f)	[konne'sjone]
snelheid (de)	velocità (f)	[velotʃi'ta]
modem (de)	modem (m)	['modem]
toegang (de)	accesso (m)	[a'tʃesso]
poort (de)	porta (f)	['porta]
aansluiting (de)	collegamento (m)	[kollega'mento]

zich aansluiten (ww)	collegarsi a ...	[kolle'garsi a]
selecteren (ww)	scegliere (vt)	['ʃeʎʎere]
zoeken (ww)	cercare (vt)	[tʃer'kare]

103. Elektriciteit

elektriciteit (de)	elettricità (f)	[elettritʃi'ta]
elektrisch (bn)	elettrico	[e'lettriko]
elektriciteitscentrale (de)	centrale (f) elettrica	[tʃen'trale e'lettrika]
energie (de)	energia (f)	[ener'dʒia]
elektrisch vermogen (het)	energia (f) elettrica	[ener'dʒia e'lettrika]
lamp (de)	lampadina (f)	[lampa'dina]
zaklamp (de)	torcia (f) elettrica	['tortʃa e'lettrika]
straatlantaarn (de)	lampione (m)	[lam'pjone]
licht (elektriciteit)	luce (f)	['lutʃe]
aandoen (ww)	accendere (vt)	[a'tʃendere]
uitdoen (ww)	spegnere (vt)	['speɲere]
het licht uitdoen	spegnere la luce	['speɲere la 'lutʃe]
doorbranden (gloeilamp)	fulminarsi (vr)	[fulmi'narsi]
kortsluiting (de)	corto circuito (m)	['korto tʃir'kwito]
onderbreking (de)	rottura (f)	[rot'tura]
contact (het)	contatto (m)	[kon'tatto]
schakelaar (de)	interruttore (m)	[interrut'tore]
stopcontact (het)	presa (f) elettrica	['preza e'lettrika]
stekker (de)	spina (f)	['spina]
verlengsnoer (de)	prolunga (f)	[pro'lunga]
zekering (de)	fusibile (m)	[fu'zibile]
kabel (de)	filo (m)	['filo]
bedrading (de)	impianto (m) elettrico	[im'pjanto e'lettriko]
ampère (de)	ampere (m)	[am'pere]
stroomsterkte (de)	intensità di corrente	[intensi'ta di kor'rente]
volt (de)	volt (m)	[volt]
spanning (de)	tensione (f)	[ten'sjone]
elektrisch toestel (het)	apparecchio (m) elettrico	[appa'rekkjo e'lettriko]
indicator (de)	indicatore (m)	[indika'tore]
elektricien (de)	elettricista (m)	[elettri'tʃista]
solderen (ww)	saldare (vt)	[sal'dare]
soldeerbout (de)	saldatoio (m)	[salda'tojo]
stroom (de)	corrente (f)	[kor'rente]

104. Gereedschappen

werktuig (stuk gereedschap)	utensile (m)	[uten'sile]
gereedschap (het)	utensili (m pl)	[uten'sili]

uitrusting (de)	impianto (m)	[im'pjanto]
hamer (de)	martello (m)	[mar'tello]
schroevendraaier (de)	giravite (m)	[dʒira'vite]
bijl (de)	ascia (f)	['aʃa]

zaag (de)	sega (f)	['sega]
zagen (ww)	segare (vt)	[se'gare]
schaaf (de)	pialla (f)	['pjalla]
schaven (ww)	piallare (vt)	[pjal'lare]
soldeerbout (de)	saldatoio (m)	[salda'tojo]
solderen (ww)	saldare (vt)	[sal'dare]

vijl (de)	lima (f)	['lima]
nijptang (de)	tenaglie (f pl)	[te'naʎʎe]
combinatietang (de)	pinza (f) a punte piatte	['pintsa a 'punte 'pjatte]
beitel (de)	scalpello (m)	[skal'pello]

boorkop (de)	punta (f) da trapano	['punta da 'trapano]
boormachine (de)	trapano (m) elettrico	['trapano e'lettriko]
boren (ww)	trapanare (vt)	[trapa'nare]

mes (het)	coltello (m)	[kol'tello]
zakmes (het)	coltello (m) da tasca	[kol'tello da 'taska]
lemmet (het)	lama (f)	['lama]

scherp (bijv. ~ mes)	affilato	[affi'lato]
bot (bn)	smussato	[zmu'sato]
bot raken (ww)	smussarsi (vr)	[zmus'sarsi]
slijpen (een mes ~)	affilare (vt)	[affi'lare]

bout (de)	bullone (m)	[bul'lone]
moer (de)	dado (m)	['dado]
schroefdraad (de)	filettatura (f)	[filetta'tura]
houtschroef (de)	vite (f)	['vite]

spijker (de)	chiodo (m)	[ki'odo]
kop (de)	testa (f) di chiodo	['testa di ki'odo]

liniaal (de/het)	regolo (m)	['regolo]
rolmeter (de)	nastro (m) metrico	['nastro 'metriko]
waterpas (de/het)	livella (f)	[li'vella]
loep (de)	lente (f) d'ingradimento	['lente dingrandi'mento]

meetinstrument (het)	strumento (m) di misurazione	[stru'mento di mizura'tsjone]
opmeten (ww)	misurare (vt)	[mizu'rare]
schaal (meetschaal)	scala (f) graduata	['skala gradu'ata]
gegevens (mv.)	lettura, indicazione (f)	[let'tura], [indika'tsjone]

compressor (de)	compressore (m)	[kompres'sore]
microscoop (de)	microscopio (m)	[mikro'skopio]

pomp (de)	pompa (f)	['pompa]
robot (de)	robot (m)	[ro'bo]
laser (de)	laser (m)	['lazer]
moersleutel (de)	chiave (f)	['kjave]

plakband (de)	nastro (m) adesivo	['nastro ade'zivo]
lijm (de)	colla (f)	['kolla]
schuurpapier (het)	carta (f) smerigliata	['karta zmeriʎ'ʎata]
veer (de)	molla (f)	['molla]
magneet (de)	magnete (m)	[ma'ɲete]
handschoenen (mv.)	guanti (m pl)	['gwanti]
touw (bijv. henneptouw)	corda (f)	['korda]
snoer (het)	cordone (m)	[kor'done]
draad (de)	filo (m)	['filo]
kabel (de)	cavo (m)	['kavo]
moker (de)	mazza (f)	['mattsa]
breekijzer (het)	palanchino (m)	[palaŋ'kino]
ladder (de)	scala (f) a pioli	['skala a pi'oli]
trapje (inklapbaar ~)	scala (m) a libretto	['skala a li'bretto]
aanschroeven (ww)	avvitare (vt)	[avvi'tare]
losschroeven (ww)	svitare (vt)	[zvi'tare]
dichtpersen (ww)	stringere (vt)	['strindʒere]
vastlijmen (ww)	incollare (vt)	[inkol'lare]
snijden (ww)	tagliare (vt)	[taʎ'ʎare]
defect (het)	guasto (m)	['gwasto]
reparatie (de)	riparazione (f)	[ripara'tsjone]
repareren (ww)	riparare (vt)	[ripa'rare]
regelen (een machine ~)	regolare (vt)	[rego'lare]
checken (ww)	verificare (vt)	[verifi'kare]
controle (de)	controllo (m)	[kon'trollo]
gegevens (mv.)	lettura, indicazione (f)	[let'tura], [indika'tsjone]
degelijk (bijv. ~ machine)	sicuro	[si'kuro]
ingewikkeld (bn)	complesso	[kom'plesso]
roesten (ww)	arrugginire (vi)	[arrudʒi'nire]
roestig (bn)	arrugginito	[arrudʒi'nito]
roest (de/het)	ruggine (f)	['rudʒine]

Vervoer

105. Vliegtuig

vliegtuig (het)	aereo (m)	[a'ereo]
vliegticket (het)	biglietto (m) aereo	[biʎ'ʎetto a'ereo]
luchtvaartmaatschappij (de)	compagnia (f) aerea	[kompa'ɲia a'erea]
luchthaven (de)	aeroporto (m)	[aero'porto]
supersonisch (bn)	supersonico	[super'soniko]
gezagvoerder (de)	comandante (m)	[koman'dante]
bemanning (de)	equipaggio (m)	[ekwi'padʒo]
piloot (de)	pilota (m)	[pi'lota]
stewardess (de)	hostess (f)	['ostess]
stuurman (de)	navigatore (m)	[naviga'tore]
vleugels (mv.)	ali (f pl)	['ali]
staart (de)	coda (f)	['koda]
cabine (de)	cabina (f)	[ka'bina]
motor (de)	motore (m)	[mo'tore]
landingsgestel (het)	carrello (m) d'atterraggio	[kar'rello datter'radʒo]
turbine (de)	turbina (f)	[tur'bina]
propeller (de)	elica (f)	['elika]
zwarte doos (de)	scatola (f) nera	['skatola 'nera]
stuur (het)	barra (f) di comando	['barra di ko'mando]
brandstof (de)	combustibile (m)	[kombu'stibile]
veiligheidskaart (de)	safety card (f)	['sejfti kard]
zuurstofmasker (het)	maschera (f) ad ossigeno	['maskera ad os'sidʒeno]
uniform (het)	uniforme (f)	[uni'forme]
reddingsvest (de)	giubbotto (m) di salvataggio	[dʒub'botto di salva'tadʒo]
parachute (de)	paracadute (m)	[paraka'dute]
opstijgen (het)	decollo (m)	[de'kollo]
opstijgen (ww)	decollare (vi)	[dekol'lare]
startbaan (de)	pista (f) di decollo	['pista di de'kollo]
zicht (het)	visibilità (f)	[vizibili'ta]
vlucht (de)	volo (m)	['volo]
hoogte (de)	altitudine (f)	[alti'tudine]
luchtzak (de)	vuoto (m) d'aria	[vu'oto 'daria]
plaats (de)	posto (m)	['posto]
koptelefoon (de)	cuffia (f)	['kuffia]
tafeltje (het)	tavolinetto (m) pieghevole	[tavoli'netto pje'gevole]
venster (het)	oblò (m), finestrino (m)	[ob'lo], [fine'strino]
gangpad (het)	corridoio (m)	[korri'dojo]

106. Trein

trein (de)	treno (m)	['treno]
elektrische trein (de)	elettrotreno (m)	[elettro'treno]
sneltrein (de)	treno (m) rapido	['treno 'rapido]
diesellocomotief (de)	locomotiva (f) diesel	[lokomo'tiva 'dizel]
stoomlocomotief (de)	locomotiva (f) a vapore	[lokomo'tiva a va'pore]
rijtuig (het)	carrozza (f)	[kar'rottsa]
restauratierijtuig (het)	vagone (m) ristorante	[va'gone risto'rante]
rails (mv.)	rotaie (f pl)	[ro'taje]
spoorweg (de)	ferrovia (f)	[ferro'via]
dwarsligger (de)	traversa (f)	[tra'versa]
perron (het)	banchina (f)	[baŋ'kina]
spoor (het)	binario (m)	[bi'nario]
semafoor (de)	semaforo (m)	[se'maforo]
halte (bijv. kleine treinhalte)	stazione (f)	[sta'tsjone]
machinist (de)	macchinista (m)	[makki'nista]
kruier (de)	portabagagli (m)	[porta·ba'gaʎʎi]
conducteur (de)	cuccettista (m, f)	[kutʃet'tista]
passagier (de)	passeggero (m)	[passe'dʒero]
controleur (de)	controllore (m)	[kontrol'lore]
gang (in een trein)	corridoio (m)	[korri'dojo]
noodrem (de)	freno (m) di emergenza	['freno di emer'dʒentsa]
coupé (de)	scompartimento (m)	[skomparti'mento]
bed (slaapplaats)	cuccetta (f)	[ku'tʃetta]
bovenste bed (het)	cuccetta (f) superiore	[ku'tʃetta supe'rjore]
onderste bed (het)	cuccetta (f) inferiore	[ku'tʃetta infe'rjore]
beddengoed (het)	biancheria (f) da letto	[bjanke'ria da 'letto]
kaartje (het)	biglietto (m)	[biʎ'ʎetto]
dienstregeling (de)	orario (m)	[o'rario]
informatiebord (het)	tabellone (m) orari	[tabel'lone o'rari]
vertrekken	partire (vi)	[par'tire]
(De trein vertrekt …)		
vertrek (ov. een trein)	partenza (f)	[par'tentsa]
aankomen (ov. de treinen)	arrivare (vi)	[arri'vare]
aankomst (de)	arrivo (m)	[ar'rivo]
aankomen per trein	arrivare con il treno	[arri'vare kon il 'treno]
in de trein stappen	salire sul treno	[sa'lire sul 'treno]
uit de trein stappen	scendere dal treno	['ʃendere dal 'treno]
treinwrak (het)	deragliamento (m)	[deraʎʎa'mento]
ontspoord zijn	deragliare (vi)	[deraʎ'ʎare]
stoomlocomotief (de)	locomotiva (f) a vapore	[lokomo'tiva a va'pore]
stoker (de)	fuochista (m)	[fo'kista]
stookplaats (de)	forno (m)	['forno]
steenkool (de)	carbone (m)	[kar'bone]

107. Schip

schip (het)	nave (f)	['nave]
vaartuig (het)	imbarcazione (f)	[imbarka'tsjone]
stoomboot (de)	piroscafo (m)	[pi'roskafo]
motorschip (het)	barca (f) fluviale	['barka flu'vjale]
lijnschip (het)	transatlantico (m)	[transat'lantiko]
kruiser (de)	incrociatore (m)	[inkrotʃa'tore]
jacht (het)	yacht (m)	[jot]
sleepboot (de)	rimorchiatore (m)	[rimorkja'tore]
duwbak (de)	chiatta (f)	['kjatta]
ferryboot (de)	traghetto (m)	[tra'getto]
zeilboot (de)	veliero (m)	[ve'ljero]
brigantijn (de)	brigantino (m)	[brigan'tino]
ijsbreker (de)	rompighiaccio (m)	[rompi'gjatʃo]
duikboot (de)	sottomarino (m)	[sottoma'rino]
boot (de)	barca (f)	['barka]
sloep (de)	scialuppa (f)	[ʃa'luppa]
reddingssloep (de)	scialuppa (f) di salvataggio	[ʃa'luppa di salva'tadʒo]
motorboot (de)	motoscafo (m)	[moto'skafo]
kapitein (de)	capitano (m)	[kapi'tano]
zeeman (de)	marittimo (m)	[ma'rittimo]
matroos (de)	marinaio (m)	[mari'najo]
bemanning (de)	equipaggio (m)	[ekwi'padʒo]
bootsman (de)	nostromo (m)	[no'stromo]
scheepsjongen (de)	mozzo (m) di nave	['mottso di 'nave]
kok (de)	cuoco (m)	[ku'oko]
scheepsarts (de)	medico (m) di bordo	['mediko di 'bordo]
dek (het)	ponte (m)	['ponte]
mast (de)	albero (m)	['albero]
zeil (het)	vela (f)	['vela]
ruim (het)	stiva (f)	['stiva]
voorsteven (de)	prua (f)	['prua]
achtersteven (de)	poppa (f)	['poppa]
roeispaan (de)	remo (m)	['remo]
schroef (de)	elica (f)	['elika]
kajuit (de)	cabina (f)	[ka'bina]
officierskamer (de)	quadrato (m) degli ufficiali	[kwa'drato 'deʎʎi uffi'tʃali]
machinekamer (de)	sala (f) macchine	['sala 'makkine]
brug (de)	ponte (m) di comando	['ponte di ko'mando]
radiokamer (de)	cabina (f) radiotelegrafica	[ka'bina radiotele'grafika]
radiogolf (de)	onda (f)	['onda]
logboek (het)	giornale (m) di bordo	[dʒor'nale di 'bordo]
verrekijker (de)	cannocchiale (m)	[kannok'kjale]
klok (de)	campana (f)	[kam'pana]

vlag (de)	bandiera (f)	[ban'djera]
kabel (de)	cavo (m) d'ormeggio	['kavo dor'medʒo]
knoop (de)	nodo (m)	['nodo]
leuning (de)	ringhiera (f)	[rin'gjera]
trap (de)	passerella (f)	[passe'rella]
anker (het)	ancora (f)	['ankora]
het anker lichten	levare l'ancora	[le'vare 'lankora]
het anker neerlaten	gettare l'ancora	[dʒet'tare 'lankora]
ankerketting (de)	catena (f) dell'ancora	[ka'tena dell 'ankora]
haven (bijv. containerhaven)	porto (m)	['porto]
kaai (de)	banchina (f)	[baŋ'kina]
aanleggen (ww)	ormeggiarsi (vr)	[orme'dʒarsi]
wegvaren (ww)	salpare (vi)	[sal'pare]
reis (de)	viaggio (m)	['vjadʒo]
cruise (de)	crociera (f)	[kro'tʃera]
koers (de)	rotta (f)	['rotta]
route (de)	itinerario (m)	[itine'rario]
vaarwater (het)	tratto (m) navigabile	['tratto navi'gabile]
zandbank (de)	secca (f)	['sekka]
stranden (ww)	arenarsi (vr)	[are'narsi]
storm (de)	tempesta (f)	[tem'pesta]
signaal (het)	segnale (m)	[se'ɲale]
zinken (ov. een boot)	affondare (vi)	[affon'dare]
Man overboord!	Uomo in mare!	[u'omo in 'mare]
SOS (noodsignaal)	SOS	['esse o 'esse]
reddingsboei (de)	salvagente (m) anulare	[salva'dʒente anu'lare]

108. Vliegveld

luchthaven (de)	aeroporto (m)	[aero'porto]
vliegtuig (het)	aereo (m)	[a'ereo]
luchtvaartmaatschappij (de)	compagnia (f) aerea	[kompa'ɲia a'erea]
luchtverkeersleider (de)	controllore (m) di volo	[kontrol'lore di 'volo]
vertrek (het)	partenza (f)	[par'tentsa]
aankomst (de)	arrivo (m)	[ar'rivo]
aankomen (per vliegtuig)	arrivare (vi)	[arri'vare]
vertrektijd (de)	ora (f) di partenza	['ora di par'tentsa]
aankomstuur (het)	ora (f) di arrivo	['ora di ar'rivo]
vertraagd zijn (ww)	essere ritardato	['essere ritar'dato]
vluchtvertraging (de)	volo (m) ritardato	['volo ritar'dato]
informatiebord (het)	tabellone (m) orari	[tabel'lone o'rari]
informatie (de)	informazione (f)	[informa'tsjone]
aankondigen (ww)	annunciare (vt)	[annun'tʃare]
vlucht (bijv. KLM ~)	volo (m)	['volo]

douane (de)	dogana (f)	[do'gana]
douanier (de)	doganiere (m)	[doga'njere]
douaneaangifte (de)	dichiarazione (f)	[dikjara'tsjone]
een douaneaangifte invullen	riempire una dichiarazione	[riem'pire 'una dikjara'tsjone]
paspoortcontrole (de)	controllo (m) passaporti	[kon'trollo passa'porti]
bagage (de)	bagaglio (m)	[ba'gaʎʎo]
handbagage (de)	bagaglio (m) a mano	[ba'gaʎʎo a 'mano]
bagagekarretje (het)	carrello (m)	[kar'rello]
landing (de)	atterraggio (m)	[atter'radʒo]
landingsbaan (de)	pista (f) di atterraggio	['pista di atter'radʒo]
landen (ww)	atterrare (vi)	[atter'rare]
vliegtuigtrap (de)	scaletta (f) dell'aereo	[ska'letta dell a'ereo]
inchecken (het)	check-in (m)	[tʃek-in]
incheckbalie (de)	banco (m) del check-in	['banko del tʃek-in]
inchecken (ww)	fare il check-in	['fare il tʃek-in]
instapkaart (de)	carta (f) d'imbarco	['karta dim'barko]
gate (de)	porta (f) d'imbarco	['porta dim'barko]
transit (de)	transito (m)	['tranzito]
wachten (ww)	aspettare (vt)	[aspet'tare]
wachtzaal (de)	sala (f) d'attesa	['sala dat'teza]
begeleiden (uitwuiven)	accompagnare (vt)	[akkompa'ɲare]
afscheid nemen (ww)	congedarsi (vr)	[kondʒe'darsi]

Gebeurtenissen in het leven

109. Vakanties. Evenement

feest (het)	festa (f)	['festa]
nationale feestdag (de)	festa (f) nazionale	['festa natsjo'nale]
feestdag (de)	festività (f) civile	[festivi'ta tʃi'vile]
herdenken (ww)	festeggiare (vt)	[feste'dʒare]
gebeurtenis (de)	avvenimento (m)	[avveni'mento]
evenement (het)	evento (m)	[e'vento]
banket (het)	banchetto (m)	[baŋ'ketto]
receptie (de)	ricevimento (m)	[ritʃevi'mento]
feestmaal (het)	festino (m)	[fes'tino]
verjaardag (de)	anniversario (m)	[anniver'sario]
jubileum (het)	giubileo (m)	[dʒubi'leo]
vieren (ww)	festeggiare (vt)	[feste'dʒare]
Nieuwjaar (het)	Capodanno (m)	[kapo'danno]
Gelukkig Nieuwjaar!	Buon Anno!	[buo'nanno]
Kerstfeest (het)	Natale (m)	[na'tale]
Vrolijk kerstfeest!	Buon Natale!	[bu'on na'tale]
kerstboom (de)	Albero (m) di Natale	['albero di na'tale]
vuurwerk (het)	fuochi (m pl) artificiali	[fu'oki artifi'tʃali]
bruiloft (de)	nozze (f pl)	['nottse]
bruidegom (de)	sposo (m)	['spozo]
bruid (de)	sposa (f)	['spoza]
uitnodigen (ww)	invitare (vt)	[invi'tare]
uitnodigingskaart (de)	invito (m)	[in'vito]
gast (de)	ospite (m)	['ospite]
op bezoek gaan	andare a trovare	[an'dare a tro'vare]
gasten verwelkomen	accogliere gli invitati	[ak'koʎʎere ʎi invi'tati]
geschenk, cadeau (het)	regalo (m)	[re'galo]
geven (iets cadeau ~)	offrire (vt)	[of'frire]
geschenken ontvangen	ricevere i regali	[ri'tʃevere i re'gali]
boeket (het)	mazzo (m) di fiori	['mattso di 'fjori]
felicitaties (mv.)	auguri (m pl)	[au'guri]
feliciteren (ww)	augurare (vt)	[augu'rare]
wenskaart (de)	cartolina (f)	[karto'lina]
een kaartje versturen	mandare una cartolina	[man'dare 'una karto'lina]
een kaartje ontvangen	ricevere una cartolina	[ri'tʃevere 'una karto'lina]
toast (de)	brindisi (m)	['brindizi]

| aanbieden (een drankje ~) | offrire (vt) | [of'frire] |
| champagne (de) | champagne (m) | [ʃam'paɲ] |

plezier hebben (ww)	divertirsi (vr)	[diver'tirsi]
plezier (het)	allegria (f)	[alle'gria]
vreugde (de)	gioia (f)	['dʒoja]

| dans (de) | danza (f), ballo (m) | ['dantsa], ['ballo] |
| dansen (ww) | ballare (vi, vt) | [bal'lare] |

| wals (de) | valzer (m) | ['valtser] |
| tango (de) | tango (m) | ['tango] |

110. Begrafenissen. Begrafenis

kerkhof (het)	cimitero (m)	[tʃimi'tero]
graf (het)	tomba (f)	['tomba]
kruis (het)	croce (f)	['krotʃe]
grafsteen (de)	pietra (f) tombale	['pjetra tom'bale]
omheining (de)	recinto (m)	[re'tʃinto]
kapel (de)	cappella (f)	[kap'pella]

dood (de)	morte (f)	['morte]
sterven (ww)	morire (vi)	[mo'rire]
overledene (de)	defunto (m)	[de'funto]
rouw (de)	lutto (m)	['lutto]

begraven (ww)	seppellire (vt)	[seppel'lire]
begrafenisonderneming (de)	sede (f) di pompe funebri	['sede di 'pompe 'funebri]
begrafenis (de)	funerale (m)	[fune'rale]

krans (de)	corona (f) di fiori	[ko'rona di 'fjori]
doodskist (de)	bara (f)	['bara]
lijkwagen (de)	carro (m) funebre	['karro 'funebre]
lijkkleed (de)	lenzuolo (m) funebre	[lentsu'olo 'funebre]

begrafenisstoet (de)	corteo (m) funebre	[kor'teo 'funebre]
urn (de)	urna (f) funeraria	['urna fune'raria]
crematorium (het)	crematorio (m)	[krema'torio]

overlijdensbericht (het)	necrologio (m)	[nekro'lodʒo]
huilen (wenen)	piangere (vi)	['pjandʒere]
snikken (huilen)	singhiozzare (vi)	[singjot'tsare]

111. Oorlog. Soldaten

peloton (het)	plotone (m)	[plo'tone]
compagnie (de)	compagnia (f)	[kompa'ɲia]
regiment (het)	reggimento (m)	[redʒi'mento]
leger (armee)	esercito (m)	[e'zertʃito]
divisie (de)	divisione (f)	[divi'zjone]
sectie (de)	distaccamento (m)	[distakka'mento]

troep (de)	armata (f)	[ar'mata]
soldaat (militair)	soldato (m)	[sol'dato]
officier (de)	ufficiale (m)	[uffi'tʃale]
soldaat (rang)	soldato (m) semplice	[sol'dato 'semplitʃe]
sergeant (de)	sergente (m)	[ser'dʒente]
luitenant (de)	tenente (m)	[te'nente]
kapitein (de)	capitano (m)	[kapi'tano]
majoor (de)	maggiore (m)	[ma'dʒore]
kolonel (de)	colonnello (m)	[kolon'nello]
generaal (de)	generale (m)	[dʒene'rale]
matroos (de)	marinaio (m)	[mari'najo]
kapitein (de)	capitano (m)	[kapi'tano]
bootsman (de)	nostromo (m)	[no'stromo]
artillerist (de)	artigliere (m)	[artiʎ'ʎere]
valschermjager (de)	paracadutista (m)	[parakadu'tista]
piloot (de)	pilota (m)	[pi'lota]
stuurman (de)	navigatore (m)	[naviga'tore]
mecanicien (de)	meccanico (m)	[mek'kaniko]
sappeur (de)	geniere (m)	[dʒe'njere]
parachutist (de)	paracadutista (m)	[parakadu'tista]
verkenner (de)	esploratore (m)	[esplora'tore]
scherpschutter (de)	cecchino (m)	[tʃek'kino]
patrouille (de)	pattuglia (f)	[pat'tuʎʎa]
patrouilleren (ww)	pattugliare (vt)	[pattuʎ'ʎare]
wacht (de)	sentinella (f)	[senti'nella]
krijger (de)	guerriero (m)	[gwer'rjero]
patriot (de)	patriota (m)	[patri'ota]
held (de)	eroe (m)	[e'roe]
heldin (de)	eroina (f)	[ero'ina]
verrader (de)	traditore (m)	[tradi'tore]
deserteur (de)	disertore (m)	[dizer'tore]
deserteren (ww)	disertare (vi)	[dizer'tare]
huurling (de)	mercenario (m)	[mertʃe'nario]
rekruut (de)	recluta (f)	['rekluta]
vrijwilliger (de)	volontario (m)	[volon'tario]
gedode (de)	ucciso (m)	[u'tʃizo]
gewonde (de)	ferito (m)	[fe'rito]
krijgsgevangene (de)	prigioniero (m) di guerra	[pridʒo'njero di 'gwerra]

112. Oorlog. Militaire acties. Deel 1

oorlog (de)	guerra (f)	['gwerra]
oorlog voeren (ww)	essere in guerra	['essere in 'gwerra]
burgeroorlog (de)	guerra (f) civile	['gwerra tʃi'vile]
achterbaks (bw)	perfidamente	[perfida'mente]

oorlogsverklaring (de)	dichiarazione (f) di guerra	[dikjara'tsjone di 'gwerra]
verklaren (de oorlog ~)	dichiarare (vt)	[dikja'rare]
agressie (de)	aggressione (f)	[aggres'sjone]
aanvallen (binnenvallen)	attaccare (vt)	[attak'kare]
binnenvallen (ww)	invadere (vt)	[in'vadere]
invaller (de)	invasore (m)	[inva'zore]
veroveraar (de)	conquistatore (m)	[konkwista'tore]
verdediging (de)	difesa (f)	[di'feza]
verdedigen (je land ~)	difendere (vt)	[di'fendere]
zich verdedigen (ww)	difendersi (vr)	[di'fendersi]
vijand (de)	nemico (m)	[ne'miko]
tegenstander (de)	avversario (m)	[avver'sario]
vijandelijk (bn)	ostile	[o'stile]
strategie (de)	strategia (f)	[strate'dʒia]
tactiek (de)	tattica (f)	['tattika]
order (de)	ordine (m)	['ordine]
bevel (het)	comando (m)	[ko'mando]
bevelen (ww)	ordinare (vt)	[ordi'nare]
opdracht (de)	missione (f)	[mis'sjone]
geheim (bn)	segreto	[se'greto]
veldslag (de)	battaglia (f)	[bat'taʎʎa]
strijd (de)	combattimento (m)	[kombatti'mento]
aanval (de)	attacco (m)	[at'takko]
bestorming (de)	assalto (m)	[as'salto]
bestormen (ww)	assalire (vt)	[assa'lire]
bezetting (de)	assedio (m)	[as'sedio]
aanval (de)	offensiva (f)	[offen'siva]
in het offensief te gaan	passare all'offensiva	[pas'sare all ofen'siva]
terugtrekking (de)	ritirata (f)	[riti'rata]
zich terugtrekken (ww)	ritirarsi (vr)	[riti'rarsi]
omsingeling (de)	accerchiamento (m)	[atʃerkja'mento]
omsingelen (ww)	accerchiare (vt)	[atʃer'kjare]
bombardement (het)	bombardamento (m)	[bombarda'mento]
een bom gooien	lanciare una bomba	[lan'tʃare 'una 'bomba]
bombarderen (ww)	bombardare (vt)	[bomar'dare]
ontploffing (de)	esplosione (f)	[esplo'zjone]
schot (het)	sparo (m)	['sparo]
een schot lossen	sparare un colpo	[spa'rare un 'kolpo]
schieten (het)	sparatoria (f)	[spara'toria]
mikken op (ww)	puntare su ...	[pun'tare su]
aanleggen (een wapen ~)	puntare (vt)	[pun'tare]
treffen (doelwit ~)	colpire (vt)	[kol'pire]
zinken (tot zinken brengen)	affondare (vt)	[affon'dare]

| kogelgat (het) | falla (f) | ['falla] |
| zinken (gezonken zijn) | affondare (vi) | [affon'dare] |

front (het)	fronte (m)	['fronte]
evacuatie (de)	evacuazione (f)	[evakua'tsjone]
evacueren (ww)	evacuare (vt)	[evaku'are]

loopgraaf (de)	trincea (f)	[trin'tʃea]
prikkeldraad (de)	filo (m) spinato	['filo spi'nato]
verdedigingsobstakel (het)	sbarramento (m)	[zbarra'mento]
wachttoren (de)	torretta (f) di osservazione	[tor'retta di oserva'tsjone]

hospitaal (het)	ospedale (m) militare	[ospe'dale mili'tare]
verwonden (ww)	ferire (vt)	[fe'rire]
wond (de)	ferita (f)	[fe'rita]
gewonde (de)	ferito (m)	[fe'rito]
gewond raken (ww)	rimanere ferito	[rima'nere fe'rito]
ernstig (~e wond)	grave	['grave]

113. Oorlog. Militaire acties. Deel 2

krijgsgevangenschap (de)	prigionia (f)	[pridʒo'nia]
krijgsgevangen nemen	fare prigioniero	['fare pridʒo'njero]
krijgsgevangen zijn	essere prigioniero	['essere pridʒo'njero]
krijgsgevangen genomen worden	essere fatto prigioniero	['essere 'fatto pridʒo'njero]

concentratiekamp (het)	campo (m) di concentramento	['kampo di kontʃentra'mento]
krijgsgevangene (de)	prigioniero (m) di guerra	[pridʒo'njero di 'gwerra]
vluchten (ww)	fuggire (vi)	[fu'dʒire]

verraden (ww)	tradire (vt)	[tra'dire]
verrader (de)	traditore (m)	[tradi'tore]
verraad (het)	tradimento (m)	[tradi'mento]

| fusilleren (executeren) | fucilare (vt) | [futʃi'lare] |
| executie (de) | fucilazione (f) | [futʃila'tsjone] |

uitrusting (de)	divisa (f) militare	[di'viza mili'tare]
schouderstuk (het)	spallina (f)	[spal'lina]
gasmasker (het)	maschera (f) antigas	['maskera anti'gas]

portofoon (de)	radiotrasmettitore (m)	['radio transmetti'tore]
geheime code (de)	codice (m)	['koditʃe]
samenzwering (de)	complotto (m)	[kom'plotto]
wachtwoord (het)	parola (f) d'ordine	[pa'rola 'dordine]

mijn (landmijn)	mina (f)	['mina]
ondermijnen (legden mijnen)	minare (vt)	[mi'nare]
mijnenveld (het)	campo (m) minato	['kampo mi'nato]

| luchtalarm (het) | allarme (m) aereo | [al'larme a'ereo] |
| alarm (het) | allarme (m) | [al'larme] |

signaal (het)	segnale (m)	[se'ɲale]
vuurpijl (de)	razzo (m) di segnalazione	['raddzo di seɲala'tsjone]
staf (generale ~)	quartier (m) generale	[kwar'tje dʒene'rale]
verkenning (de)	esplorazione (m)	[esplora'tore]
toestand (de)	situazione (f)	[situa'tsjone]
rapport (het)	rapporto (m)	[rap'porto]
hinderlaag (de)	agguato (m)	[ag'gwato]
versterking (de)	rinforzo (m)	[rin'fortso]
doel (bewegend ~)	bersaglio (m)	[ber'saʎʎo]
proefterrein (het)	terreno (m) di caccia	[ter'reno di 'katʃa]
manoeuvres (mv.)	manovre (f pl)	[ma'novre]
paniek (de)	panico (m)	['paniko]
verwoesting (de)	devastazione (f)	[devasta'tsjone]
verwoestingen (mv.)	distruzione (m)	[distru'tsjone]
verwoesten (ww)	distruggere (vt)	[di'strudʒere]
overleven (ww)	sopravvivere (vi, vt)	[soprav'vivere]
ontwapenen (ww)	disarmare (vt)	[dizar'mare]
behandelen (een pistool ~)	maneggiare (vt)	[mane'dʒare]
Geeft acht!	Attenti!	[at'tenti]
Op de plaats rust!	Riposo!	[ri'pozo]
heldendaad (de)	atto (m) eroico	['atto e'roiko]
eed (de)	giuramento (m)	[dʒura'mento]
zweren (een eed doen)	giurare (vi)	[dʒu'rare]
decoratie (de)	decorazione (f)	[dekora'tsjone]
onderscheiden	decorare qn	[deko'rare]
(een ereteken geven)		
medaille (de)	medaglia (f)	[me'daʎʎa]
orde (de)	ordine (m)	['ordine]
overwinning (de)	vittoria (f)	[vit'toria]
verlies (het)	sconfitta (m)	[skon'fitta]
wapenstilstand (de)	armistizio (m)	[armi'stitsio]
wimpel (vaandel)	bandiera (f)	[ban'djera]
roem (de)	gloria (f)	['gloria]
parade (de)	parata (f)	[pa'rata]
marcheren (ww)	marciare (vi)	[mar'tʃare]

114. Wapens

wapens (mv.)	armi (f pl)	['armi]
vuurwapens (mv.)	arma (f) da fuoco	['arma da fu'oko]
koude wapens (mv.)	arma (f) bianca	['arma 'bjanka]
chemische wapens (mv.)	armi (f pl) chimiche	['armi 'kimike]
kern-, nucleair (bn)	nucleare	[nukle'are]
kernwapens (mv.)	armi (f pl) nucleari	['armi nukle'ari]

bom (de)	bomba (f)	['bomba]
atoombom (de)	bomba (f) atomica	['bomba a'tomika]

pistool (het)	pistola (f)	[pi'stola]
geweer (het)	fucile (m)	[fu'tʃile]
machinepistool (het)	mitra (m)	['mitra]
machinegeweer (het)	mitragliatrice (f)	[mitraʎʎa'tritʃe]

loop (schietbuis)	bocca (f)	['bokka]
loop (bijv. geweer met kortere ~)	canna (f)	['kanna]
kaliber (het)	calibro (m)	['kalibro]

trekker (de)	grilletto (m)	[gril'letto]
korrel (de)	mirino (m)	[mi'rino]
magazijn (het)	caricatore (m)	[karika'tore]
geweerkolf (de)	calcio (m)	['kaltʃo]

granaat (handgranaat)	bomba (f) a mano	['bomba a 'mano]
explosieven (mv.)	esplosivo (m)	[esplo'zivo]

kogel (de)	pallottola (f)	[pal'lottola]
patroon (de)	cartuccia (f)	[kar'tutʃa]
lading (de)	carica (f)	['karika]
ammunitie (de)	munizioni (f pl)	[muni'tsjoni]

bommenwerper (de)	bombardiere (m)	[bombar'djere]
straaljager (de)	aereo (m) da caccia	[a'ereo da 'katʃa]
helikopter (de)	elicottero (m)	[eli'kottero]

afweergeschut (het)	cannone (m) antiaereo	[kan'none anti·a'ereo]
tank (de)	carro (m) armato	['karro ar'mato]
kanon (tank met een ~ van 76 mm)	cannone (m)	[kan'none]

artillerie (de)	artiglieria (f)	[artiʎʎe'ria]
kanon (het)	cannone (m)	[kan'none]
aanleggen (een wapen ~)	mirare a ...	[mi'rare a]

projectiel (het)	proiettile (m)	[pro'jettile]
mortiergranaat (de)	granata (f) da mortaio	[gra'nata da mor'tajo]
mortier (de)	mortaio (m)	[mor'tajo]
granaatscherf (de)	scheggia (f)	['skedʒa]

duikboot (de)	sottomarino (m)	[sottoma'rino]
torpedo (de)	siluro (m)	[si'luro]
raket (de)	missile (m)	['missile]

laden (geweer, kanon)	caricare (vt)	[kari'kare]
schieten (ww)	sparare (vi)	[spa'rare]
richten op (mikken)	puntare su ...	[pun'tare su]
bajonet (de)	baionetta (f)	[bajo'netta]

degen (de)	spada (f)	['spada]
sabel (de)	sciabola (f)	['ʃabola]
speer (de)	lancia (f)	['lantʃa]

boog (de)	arco (m)	['arko]
pijl (de)	freccia (f)	['fretʃa]
musket (de)	moschetto (m)	[mos'ketto]
kruisboog (de)	balestra (f)	[ba'lestra]

115. Oude mensen

primitief (bn)	primitivo	[primi'tivo]
voorhistorisch (bn)	preistorico	[preis'toriko]
eeuwenoude (~ beschaving)	antico	[an'tiko]

Steentijd (de)	Età (f) della pietra	[e'ta 'della 'pjetra]
Bronstijd (de)	Età (f) del bronzo	[e'ta del 'brondzo]
IJstijd (de)	epoca (f) glaciale	['epoka gla'tʃale]

stam (de)	tribù (f)	[tri'bu]
menseneter (de)	cannibale (m)	[kan'nibale]
jager (de)	cacciatore (m)	[katʃa'tore]
jagen (ww)	cacciare (vt)	[ka'tʃare]
mammoet (de)	mammut (m)	[mam'mut]

| grot (de) | caverna (f), grotta (f) | [ka'verna], ['grotta] |
| vuur (het) | fuoco (m) | [fu'oko] |

| kampvuur (het) | falò (m) | [fa'lo] |
| rotstekening (de) | pittura (f) rupestre | [pit'tura ru'pestre] |

werkinstrument (het)	strumento (m) di lavoro	[stru'mento di la'voro]
speer (de)	lancia (f)	['lantʃa]
stenen bijl (de)	ascia (f) di pietra	['aʃa di 'pjetra]

| oorlog voeren (ww) | essere in guerra | ['essere in 'gwerra] |
| temmen (bijv. wolf ~) | addomesticare (vt) | [addomesti'kare] |

| idool (het) | idolo (m) | ['idolo] |
| aanbidden (ww) | idolatrare (vt) | [idola'trare] |

| bijgeloof (het) | superstizione (f) | [supersti'tsjone] |
| ritueel (het) | rito (m) | ['rito] |

| evolutie (de) | evoluzione (f) | [evolu'tsjone] |
| ontwikkeling (de) | sviluppo (m) | [zvi'luppo] |

| verdwijning (de) | estinzione (f) | [estin'tsjone] |
| zich aanpassen (ww) | adattarsi (vr) | [adat'tarsi] |

archeologie (de)	archeologia (f)	[arkeolo'dʒia]
archeoloog (de)	archeologo (m)	[arke'ologo]
archeologisch (bn)	archeologico	[arkeo'lodʒiko]

opgravingsplaats (de)	sito (m) archeologico	['sito arkeo'lodʒiko]
opgravingen (mv.)	scavi (m pl)	['skavi]
vondst (de)	reperto (m)	[re'perto]
fragment (het)	frammento (m)	[fram'mento]

116. Middeleeuwen

volk (het)	popolo (m)	['popolo]
volkeren (mv.)	popoli (m pl)	['popoli]
stam (de)	tribù (f)	[tri'bu]
stammen (mv.)	tribù (f pl)	[tri'bu]
barbaren (mv.)	barbari (m pl)	['barbari]
Galliërs (mv.)	galli (m pl)	['galli]
Goten (mv.)	goti (m pl)	['goti]
Slaven (mv.)	slavi (m pl)	['zlavi]
Vikings (mv.)	vichinghi (m pl)	[vi'kingi]
Romeinen (mv.)	romani (m pl)	[ro'mani]
Romeins (bn)	romano	[ro'mano]
Byzantijnen (mv.)	bizantini (m pl)	[bidzan'tini]
Byzantium (het)	Bisanzio (m)	[bi'zansio]
Byzantijns (bn)	bizantino	[bidzan'tino]
keizer (bijv. Romeinse ~)	imperatore (m)	[impera'tore]
opperhoofd (het)	capo (m)	['kapo]
machtig (bn)	potente	[po'tente]
koning (de)	re (m)	[re]
heerser (de)	governante (m)	[gover'nante]
ridder (de)	cavaliere (m)	[kava'ljere]
feodaal (de)	feudatario (m)	[feuda'tario]
feodaal (bn)	feudale	[feu'dale]
vazal (de)	vassallo (m)	[vas'sallo]
hertog (de)	duca (m)	['duka]
graaf (de)	conte (m)	['konte]
baron (de)	barone (m)	[ba'rone]
bisschop (de)	vescovo (m)	['veskovo]
harnas (het)	armatura (f)	[arma'tura]
schild (het)	scudo (m)	['skudo]
zwaard (het)	spada (f)	['spada]
vizier (het)	visiera (f)	[vi'zjera]
maliënkolder (de)	cotta (f) di maglia	['kotta di 'maʎʎa]
kruistocht (de)	crociata (f)	[kro'tʃata]
kruisvaarder (de)	crociato (m)	[kro'tʃato]
gebied (bijv. bezette ~en)	territorio (m)	[terri'torio]
aanvallen (binnenvallen)	attaccare (vt)	[attak'kare]
veroveren (ww)	conquistare (vt)	[konkwi'stare]
innemen (binnenvallen)	occupare (vt)	[okku'pare]
bezetting (de)	assedio (m)	[as'sedio]
belegerd (bn)	assediato	[asse'djato]
belegeren (ww)	assediare (vt)	[asse'djare]
inquisitie (de)	inquisizione (f)	[inkwizi'tsjone]
inquisiteur (de)	inquisitore (m)	[inkwizi'tore]

foltering (de)	tortura (f)	[tor'tura]
wreed (bn)	crudele	[kru'dele]
ketter (de)	eretico (m)	[e'retiko]
ketterij (de)	eresia (f)	[ere'zia]

zeevaart (de)	navigazione (f)	[naviga'tsjone]
piraat (de)	pirata (m)	[pi'rata]
piraterij (de)	pirateria (f)	[pirate'ria]
enteren (het)	arrembaggio (m)	[arrem'badʒo]
buit (de)	bottino (m)	[bot'tino]
schatten (mv.)	tesori (m)	[te'zori]

ontdekking (de)	scoperta (f)	[sko'perta]
ontdekken (bijv. nieuw land)	scoprire (vt)	[sko'prire]
expeditie (de)	spedizione (f)	[spedi'tsjone]

musketier (de)	moschettiere (m)	[mosket'tjere]
kardinaal (de)	cardinale (m)	[kardi'nale]
heraldiek (de)	araldica (f)	[a'raldika]
heraldisch (bn)	araldico	[a'raldiko]

117. Leider. Baas. Autoriteiten

koning (de)	re (m)	[re]
koningin (de)	regina (f)	[re'dʒina]
koninklijk (bn)	reale	[re'ale]
koninkrijk (het)	regno (m)	['reɲo]

prins (de)	principe (m)	['printʃipe]
prinses (de)	principessa (f)	[printʃi'pessa]

president (de)	presidente (m)	[prezi'dente]
vicepresident (de)	vicepresidente (m)	[vitʃe·prezi'dente]
senator (de)	senatore (m)	[sena'tore]

monarch (de)	monarca (m)	[mo'narka]
heerser (de)	governante (m)	[gover'nante]
dictator (de)	dittatore (m)	[ditta'tore]
tiran (de)	tiranno (m)	[ti'ranno]
magnaat (de)	magnate (m)	[ma'ɲate]

directeur (de)	direttore (m)	[diret'tore]
chef (de)	capo (m)	['kapo]
beheerder (de)	dirigente (m)	[diri'dʒente]
baas (de)	capo (m)	['kapo]
eigenaar (de)	proprietario (m)	[proprie'tario]

hoofd (bijv. ~ van de delegatie)	capo (m)	['kapo]
autoriteiten (mv.)	autorità (f pl)	[autori'ta]
superieuren (mv.)	superiori (m pl)	[supe'rjori]

gouverneur (de)	governatore (m)	[governa'tore]
consul (de)	console (m)	['konsole]

diplomaat (de)	diplomatico (m)	[diplo'matiko]
burgemeester (de)	sindaco (m)	['sindako]
sheriff (de)	sceriffo (m)	[ʃe'riffo]
keizer (bijv. Romeinse ~)	imperatore (m)	[impera'tore]
tsaar (de)	zar (m)	[tsar]
farao (de)	faraone (m)	[fara'one]
kan (de)	khan (m)	['kan]

118. De wet overtreden. Criminelen. Deel 1

bandiet (de)	bandito (m)	[ban'dito]
misdaad (de)	delitto (m)	[de'litto]
misdadiger (de)	criminale (m)	[krimi'nale]
dief (de)	ladro (m)	['ladro]
stelen (ww)	rubare (vi, vt)	[ru'bare]
stelen (de)	ruberia (f)	[rube'ria]
diefstal (de)	furto (m)	['furto]
kidnappen (ww)	rapire (vt)	[ra'pire]
kidnapping (de)	rapimento (m)	[rapi'mento]
kidnapper (de)	rapitore (m)	[rapi'tore]
losgeld (het)	riscatto (m)	[ris'katto]
eisen losgeld (ww)	chiedere il riscatto	['kjedere il ris'katto]
overvallen (ww)	rapinare (vt)	[rapi'nare]
overvaller (de)	rapinatore (m)	[rapina'tore]
afpersen (ww)	estorcere (vt)	[es'tortʃere]
afperser (de)	estorsore (m)	[estor'sore]
afpersing (de)	estorsione (f)	[estor'sjone]
vermoorden (ww)	uccidere (vt)	[u'tʃidere]
moord (de)	assassinio (m)	[assas'sinio]
moordenaar (de)	assassino (m)	[assas'sino]
schot (het)	sparo (m)	['sparo]
een schot lossen	tirare un colpo	[ti'rare un 'kolpo]
neerschieten (ww)	abbattere (vt)	[ab'battere]
schieten (ww)	sparare (vi)	[spa'rare]
schieten (het)	sparatoria (f)	[spara'toria]
ongeluk (gevecht, enz.)	incidente (m)	[intʃi'dente]
gevecht (het)	rissa (f)	['rissa]
Help!	Aiuto!	[a'juto]
slachtoffer (het)	vittima (f)	['vittima]
beschadigen (ww)	danneggiare (vt)	[danne'dʒare]
schade (de)	danno (m)	['danno]
lijk (het)	cadavere (m)	[ka'davere]
zwaar (~ misdrijf)	grave	['grave]
aanvallen (ww)	aggredire (vt)	[aggre'dire]

Nederlands	Italiaans	Uitspraak
slaan (iemand ~)	picchiare (vt)	[pik'kjare]
in elkaar slaan (toetakelen)	picchiare (vt)	[pik'kjare]
ontnemen (beroven)	sottrarre (vt)	[sot'trarre]
steken (met een mes)	accoltellare a morte	[akkolte'lare a 'morte]
verminken (ww)	mutilare (vt)	[muti'lare]
verwonden (ww)	ferire (vt)	[fe'rire]
chantage (de)	ricatto (m)	[ri'katto]
chanteren (ww)	ricattare (vt)	[rikat'tare]
chanteur (de)	ricattatore (m)	[rikatta'tore]
afpersing (de)	estorsione (f)	[estor'sjone]
afperser (de)	estorsore (m)	[estor'sore]
gangster (de)	gangster (m)	['gangster]
maffia (de)	mafia (f)	['mafia]
kruimeldief (de)	borseggiatore (m)	[borsedʒa'tore]
inbreker (de)	scassinatore (m)	[skassina'tore]
smokkelen (het)	contrabbando (m)	[kontrab'bando]
smokkelaar (de)	contrabbandiere (m)	[kontrabban'djere]
namaak (de)	falsificazione (f)	[falsifika'tsjone]
namaken (ww)	falsificare (vt)	[falsifi'kare]
namaak-, vals (bn)	falso, falsificato	['falso], [falsifi'kato]

119. De wet overtreden. Criminelen. Deel 2

Nederlands	Italiaans	Uitspraak
verkrachting (de)	stupro (m)	['stupro]
verkrachten (ww)	stuprare (vt)	[stu'prare]
verkrachter (de)	stupratore (m)	[stupra'tore]
maniak (de)	maniaco (m)	[ma'njako]
prostituee (de)	prostituta (f)	[prosti'tuta]
prostitutie (de)	prostituzione (f)	[prostitu'tsjone]
pooier (de)	magnaccia (m)	[ma'ɲatʃa]
drugsverslaafde (de)	drogato (m)	[dro'gato]
drugshandelaar (de)	trafficante (m) di droga	[traffi'kante di 'droga]
opblazen (ww)	far esplodere	[far e'splodere]
explosie (de)	esplosione (f)	[esplo'zjone]
in brand steken (ww)	incendiare (vt)	[intʃen'djare]
brandstichter (de)	incendiario (m)	[intʃen'djario]
terrorisme (het)	terrorismo (m)	[terro'rizmo]
terrorist (de)	terrorista (m)	[terro'rista]
gijzelaar (de)	ostaggio (m)	[os'tadʒo]
bedriegen (ww)	imbrogliare (vt)	[imbroʎ'ʎare]
bedrog (het)	imbroglio (m)	[im'broʎʎo]
oplichter (de)	imbroglione (m)	[imbroʎ'ʎone]
omkopen (ww)	corrompere (vt)	[kor'rompere]
omkoperij (de)	corruzione (f)	[korru'tsjone]

smeergeld (het)	bustarella (f)	[busta'rella]
vergif (het)	veleno (m)	[ve'leno]
vergiftigen (ww)	avvelenare (vt)	[avvele'nare]
vergif innemen (ww)	avvelenarsi (vr)	[avvele'narsi]
zelfmoord (de)	suicidio (m)	[sui'tʃidio]
zelfmoordenaar (de)	suicida (m)	[sui'tʃida]
bedreigen (bijv. met een pistool)	minacciare (vt)	[mina'tʃare]
bedreiging (de)	minaccia (f)	[mi'natʃa]
een aanslag plegen	attentare (vi)	[atten'tare]
aanslag (de)	attentato (m)	[atten'tato]
stelen (een auto)	rubare (vt)	[ru'bare]
kapen (een vliegtuig)	dirottare (vt)	[dirot'tare]
wraak (de)	vendetta (f)	[ven'detta]
wreken (ww)	vendicare (vt)	[vendi'kare]
martelen (gevangenen)	torturare (vt)	[tortu'rare]
foltering (de)	tortura (f)	[tor'tura]
folteren (ww)	maltrattare (vt)	[maltrat'tare]
piraat (de)	pirata (m)	[pi'rata]
straatschender (de)	teppista (m)	[tep'pista]
gewapend (bn)	armato	[ar'mato]
geweld (het)	violenza (f)	[vio'lentsa]
onwettig (strafbaar)	illegale	[ille'gale]
spionage (de)	spionaggio (m)	[spio'nadʒo]
spioneren (ww)	spiare (vi)	[spi'are]

120. Politie. Wet. Deel 1

justitie (de)	giustizia (f)	[dʒu'stitsia]
gerechtshof (het)	tribunale (m)	[tribu'nale]
rechter (de)	giudice (m)	['dʒuditʃe]
jury (de)	giurati (m)	[dʒu'rati]
juryrechtspraak (de)	processo (m) con giuria	[pro'tʃesso kon dʒu'ria]
berechten (ww)	giudicare (vt)	[dʒudi'kare]
advocaat (de)	avvocato (m)	[avvo'kato]
beklaagde (de)	imputato (m)	[impu'tato]
beklaagdenbank (de)	banco (m) degli imputati	['banko 'deʎʎi impu'tati]
beschuldiging (de)	accusa (f)	[ak'kuza]
beschuldigde (de)	accusato (m)	[akku'zato]
vonnis (het)	condanna (f)	[kon'danna]
veroordelen (in een rechtszaak)	condannare (vt)	[kondan'nare]
schuldige (de)	colpevole (m)	[kol'pevole]

straffen (ww)	punire (vt)	[pu'nire]
bestraffing (de)	punizione (f)	[puni'tsjone]
boete (de)	multa (f), ammenda (f)	['multa], [am'menda]
levenslange opsluiting (de)	ergastolo (m)	[er'gastolo]
doodstraf (de)	pena (f) di morte	['pena di 'morte]
elektrische stoel (de)	sedia (f) elettrica	['sedia e'lettrika]
schavot (het)	impiccagione (f)	[impikka'dʒone]
executeren (ww)	giustiziare (vt)	[dʒusti'tsjare]
executie (de)	esecuzione (f)	[ezeku'tsjone]
gevangenis (de)	prigione (f)	[pri'dʒone]
cel (de)	cella (f)	['tʃella]
konvooi (het)	scorta (f)	['skorta]
gevangenisbewaker (de)	guardia (f) carceraria	['gwardia kartʃe'raria]
gedetineerde (de)	prigioniero (m)	[pridʒo'njero]
handboeien (mv.)	manette (f pl)	[ma'nette]
handboeien omdoen	mettere le manette	['mettere le ma'nette]
ontsnapping (de)	fuga (f)	['fuga]
ontsnappen (ww)	fuggire (vi)	[fu'dʒire]
verdwijnen (ww)	scomparire (vi)	[skompa'rire]
vrijlaten (uit de gevangenis)	liberare (vt)	[libe'rare]
amnestie (de)	amnistia (f)	[amni'stia]
politie (de)	polizia (f)	[poli'tsia]
politieagent (de)	poliziotto (m)	[poli'tsjotto]
politiebureau (het)	commissariato (m)	[kommissa'rjato]
knuppel (de)	manganello (m)	[manga'nello]
megafoon (de)	altoparlante (m)	[altopar'lante]
patrouilleerwagen (de)	macchina (f) di pattuglia	['makkina di pat'tuʎʎa]
sirene (de)	sirena (f)	[si'rena]
de sirene aansteken	mettere la sirena	['mettere la si'rena]
geloei (het) van de sirene	suono (m) della sirena	[su'ono 'della si'rena]
plaats delict (de)	luogo (m) del crimine	[lu'ogo del 'krimine]
getuige (de)	testimone (m)	[testi'mone]
vrijheid (de)	libertà (f)	[liber'ta]
handlanger (de)	complice (m)	['komplitʃe]
ontvluchten (ww)	fuggire (vi)	[fu'dʒire]
spoor (het)	traccia (f)	['tratʃa]

121. Politie. Wet. Deel 2

opsporing (de)	ricerca (f)	[ri'tʃerka]
opsporen (ww)	cercare (vt)	[tʃer'kare]
verdenking (de)	sospetto (m)	[so'spetto]
verdacht (bn)	sospetto	[so'spetto]
aanhouden (stoppen)	fermare (vt)	[fer'mare]
tegenhouden (ww)	arrestare	[arre'stare]

strafzaak (de)	causa (f)	['kauza]
onderzoek (het)	inchiesta (f)	[in'kjesta]
detective (de)	detective (m)	[de'tektiv]
onderzoeksrechter (de)	investigatore (m)	[investiga'tore]
versie (de)	versione (f)	[ver'sjone]
motief (het)	movente (m)	[mo'vente]
verhoor (het)	interrogatorio (m)	[interroga'torio]
ondervragen (door de politie)	interrogare (vt)	[interro'gare]
ondervragen (omstanders ~)	interrogare (vt)	[interro'gare]
controle (de)	controllo (m)	[kon'trollo]
razzia (de)	retata (f)	[re'tata]
huiszoeking (de)	perquisizione (f)	[perkwizi'tsjone]
achtervolging (de)	inseguimento (m)	[insegwi'mento]
achtervolgen (ww)	inseguire (vt)	[inse'gwire]
opsporen (ww)	essere sulle tracce	['essere sulle 'tratʃe]
arrest (het)	arresto (m)	[ar'resto]
arresteren (ww)	arrestare	[arre'stare]
vangen, aanhouden (een dief, enz.)	catturare (vt)	[kattu'rare]
aanhouding (de)	cattura (f)	[kat'tura]
document (het)	documento (m)	[doku'mento]
bewijs (het)	prova (f)	['prova]
bewijzen (ww)	provare (vt)	[pro'vare]
voetspoor (het)	impronta (f) del piede	[im'pronta del 'pjede]
vingerafdrukken (mv.)	impronte (f pl) digitali	[im'pronte diʤi'tali]
bewijs (het)	elemento (m) di prova	[ele'mento di 'prova]
alibi (het)	alibi (m)	['alibi]
onschuldig (bn)	innocente	[inno'tʃente]
onrecht (het)	ingiustizia (f)	[inʤu'stitsia]
onrechtvaardig (bn)	ingiusto	[in'ʤusto]
crimineel (bn)	criminale	[krimi'nale]
confisqueren (in beslag nemen)	confiscare (vt)	[konfis'kare]
drug (de)	droga (f)	['droga]
wapen (het)	armi (f pl)	['armi]
ontwapenen (ww)	disarmare (vt)	[dizar'mare]
bevelen (ww)	ordinare (vt)	[ordi'nare]
verdwijnen (ww)	sparire (vi)	[spa'rire]
wet (de)	legge (f)	['ledʒe]
wettelijk (bn)	legale	[le'gale]
onwettelijk (bn)	illegale	[ille'gale]
verantwoordelijkheid (de)	responsabilità (f)	[responsabili'ta]
verantwoordelijk (bn)	responsabile	[respon'sabile]

NATUUR

De Aarde. Deel 1

122. De kosmische ruimte

kosmos (de)	cosmo (m)	['kozmo]
kosmisch (bn)	cosmico, spaziale	['kozmiko], [spa'tsjale]
kosmische ruimte (de)	spazio (m) cosmico	['spatsio 'kozmiko]
wereld (de)	mondo (m)	['mondo]
heelal (het)	universo (m)	[uni'verso]
sterrenstelsel (het)	galassia (f)	[ga'lassia]
ster (de)	stella (f)	['stella]
sterrenbeeld (het)	costellazione (f)	[kostella'tsjone]
planeet (de)	pianeta (m)	[pja'neta]
satelliet (de)	satellite (m)	[sa'tellite]
meteoriet (de)	meteorite (m)	[meteo'rite]
komeet (de)	cometa (f)	[ko'meta]
asteroïde (de)	asteroide (m)	[aste'roide]
baan (de)	orbita (f)	['orbita]
draaien (om de zon, enz.)	ruotare (vi)	[ruo'tare]
atmosfeer (de)	atmosfera (f)	[atmo'sfera]
Zon (de)	il Sole	[il 'sole]
zonnestelsel (het)	sistema (m) solare	[si'stema so'lare]
zonsverduistering (de)	eclisse (f) solare	[e'klisse so'lare]
Aarde (de)	la Terra	[la 'terra]
Maan (de)	la Luna	[la 'luna]
Mars (de)	Marte (m)	['marte]
Venus (de)	Venere (f)	['venere]
Jupiter (de)	Giove (m)	['dʒove]
Saturnus (de)	Saturno (m)	[sa'turno]
Mercurius (de)	Mercurio (m)	[mer'kurio]
Uranus (de)	Urano (m)	[u'rano]
Neptunus (de)	Nettuno (m)	[net'tuno]
Pluto (de)	Plutone (m)	[plu'tone]
Melkweg (de)	Via (f) Lattea	['via 'lattea]
Grote Beer (de)	Orsa (f) Maggiore	['orsa ma'dʒore]
Poolster (de)	Stella (f) Polare	['stella po'lare]
marsmannetje (het)	marziano (m)	[mar'tsjano]
buitenaards wezen (het)	extraterrestre (m)	[ekstrater'restre]

bovenaards (het)	alieno (m)	[a'ljeno]
vliegende schotel (de)	disco (m) volante	['disko vo'lante]

ruimtevaartuig (het)	nave (f) spaziale	['nave spa'tsjale]
ruimtestation (het)	stazione (f) spaziale	[sta'tsjone spa'tsjale]
start (de)	lancio (m)	['lantʃo]

motor (de)	motore (m)	[mo'tore]
straalpijp (de)	ugello (m)	[u'dʒello]
brandstof (de)	combustibile (m)	[kombu'stibile]

cabine (de)	cabina (f) di pilotaggio	[ka'bina di pilo'tadʒio]
antenne (de)	antenna (f)	[an'tenna]
patrijspoort (de)	oblò (m)	[ob'lo]
zonnebatterij (de)	batteria (f) solare	[batte'ria so'lare]
ruimtepak (het)	scafandro (m)	[ska'fandro]

gewichtloosheid (de)	imponderabilità (f)	[imponderabili'ta]
zuurstof (de)	ossigeno (m)	[os'sidʒeno]

koppeling (de)	aggancio (m)	[ag'gantʃo]
koppeling maken	agganciarsi (vr)	[aggan'tʃarsi]

observatorium (het)	osservatorio (m)	[osserva'torio]
telescoop (de)	telescopio (m)	[tele'skopio]
waarnemen (ww)	osservare (vt)	[osser'vare]
exploreren (ww)	esplorare (vt)	[esplo'rare]

123. De Aarde

Aarde (de)	la Terra	[la 'terra]
aardbol (de)	globo (m) terrestre	['globo ter'restre]
planeet (de)	pianeta (m)	[pja'neta]

atmosfeer (de)	atmosfera (f)	[atmo'sfera]
aardrijkskunde (de)	geografia (f)	[dʒeogra'fia]
natuur (de)	natura (f)	[na'tura]

wereldbol (de)	mappamondo (m)	[mappa'mondo]
kaart (de)	carta (f) geografica	['karta dʒeo'grafika]
atlas (de)	atlante (m)	[a'tlante]

Europa (het)	Europa (f)	[eu'ropa]
Azië (het)	Asia (f)	['azia]

Afrika (het)	Africa (f)	['afrika]
Australië (het)	Australia (f)	[au'stralia]

Amerika (het)	America (f)	[a'merika]
Noord-Amerika (het)	America (f) del Nord	[a'merika del nord]
Zuid-Amerika (het)	America (f) del Sud	[a'merika del sud]

Antarctica (het)	Antartide (f)	[an'tartide]
Arctis (de)	Artico (m)	['artiko]

124. Windrichtingen

noorden (het)	nord (m)	[nord]
naar het noorden	a nord	[a nord]
in het noorden	al nord	[al nord]
noordelijk (bn)	del nord	[del nord]
zuiden (het)	sud (m)	[sud]
naar het zuiden	a sud	[a sud]
in het zuiden	al sud	[al sud]
zuidelijk (bn)	del sud	[del sud]
westen (het)	ovest (m)	['ovest]
naar het westen	a ovest	[a 'ovest]
in het westen	all'ovest	[all 'ovest]
westelijk (bn)	dell'ovest, occidentale	[dell 'ovest], [otʃiden'tale]
oosten (het)	est (m)	[est]
naar het oosten	a est	[a est]
in het oosten	all'est	[all 'est]
oostelijk (bn)	dell'est, orientale	[dell 'est], [orien'tale]

125. Zee. Oceaan

zee (de)	mare (m)	['mare]
oceaan (de)	oceano (m)	[o'tʃeano]
golf (baai)	golfo (m)	['golfo]
straat (de)	stretto (m)	['stretto]
grond (vaste grond)	terra (f)	['terra]
continent (het)	continente (m)	[konti'nente]
eiland (het)	isola (f)	['izola]
schiereiland (het)	penisola (f)	[pe'nizola]
archipel (de)	arcipelago (m)	[artʃi'pelago]
baai, bocht (de)	baia (f)	['baja]
haven (de)	porto (m)	['porto]
lagune (de)	laguna (f)	[la'guna]
kaap (de)	capo (m)	['kapo]
atol (de)	atollo (m)	[a'tollo]
rif (het)	scogliera (f)	[skoʎ'ʎera]
koraal (het)	corallo (m)	[ko'rallo]
koraalrif (het)	barriera (f) corallina	[bar'rjera koral'lina]
diep (bn)	profondo	[pro'fondo]
diepte (de)	profondità (f)	[profondi'ta]
diepzee (de)	abisso (m)	[a'bisso]
trog (bijv. Marianentrog)	fossa (f)	['fossa]
stroming (de)	corrente (f)	[kor'rente]
omspoelen (ww)	circondare (vt)	[tʃirkon'dare]
oever (de)	litorale (m)	[lito'rale]

kust (de)	costa (f)	['kosta]
vloed (de)	alta marea (f)	['alta ma'rea]
eb (de)	bassa marea (f)	['bassa ma'rea]
ondiepte (ondiep water)	banco (m) di sabbia	['banko di 'sabbia]
bodem (de)	fondo (m)	['fondo]
golf (hoge ~)	onda (f)	['onda]
golfkam (de)	cresta (f) dell'onda	['kresta dell 'onda]
schuim (het)	schiuma (f)	['skjuma]
orkaan (de)	uragano (m)	[ura'gano]
tsunami (de)	tsunami (m)	[tsu'nami]
windstilte (de)	bonaccia (f)	[bo'natʃa]
kalm (bijv. ~e zee)	tranquillo	[tran'kwillo]
pool (de)	polo (m)	['polo]
polair (bn)	polare	[po'lare]
breedtegraad (de)	latitudine (f)	[lati'tudine]
lengtegraad (de)	longitudine (f)	[londʒi'tudine]
parallel (de)	parallelo (m)	[paral'lelo]
evenaar (de)	equatore (m)	[ekwa'tore]
hemel (de)	cielo (m)	['tʃelo]
horizon (de)	orizzonte (m)	[orid'dzonte]
lucht (de)	aria (f)	['aria]
vuurtoren (de)	faro (m)	['faro]
duiken (ww)	tuffarsi (vr)	[tuf'farsi]
zinken (ov. een boot)	affondare (vi)	[affon'dare]
schatten (mv.)	tesori (m)	[te'zori]

126. Namen van zeeën en oceanen

Atlantische Oceaan (de)	Oceano (m) Atlantico	[o'tʃeano at'lantiko]
Indische Oceaan (de)	Oceano (m) Indiano	[o'tʃeano indi'ano]
Stille Oceaan (de)	Oceano (m) Pacifico	[o'tʃeano pa'tʃifiko]
Noordelijke IJszee (de)	mar (m) Glaciale Artico	[mar gla'tʃale 'artiko]
Zwarte Zee (de)	mar (m) Nero	[mar 'nero]
Rode Zee (de)	mar (m) Rosso	[mar 'rosso]
Gele Zee (de)	mar (m) Giallo	[mar 'dʒallo]
Witte Zee (de)	mar (m) Bianco	[mar 'bjanko]
Kaspische Zee (de)	mar (m) Caspio	[mar 'kaspio]
Dode Zee (de)	mar (m) Morto	[mar 'morto]
Middellandse Zee (de)	mar (m) Mediterraneo	[mar mediter'raneo]
Egeïsche Zee (de)	mar (m) Egeo	[mar e'dʒeo]
Adriatische Zee (de)	mar (m) Adriatico	[mar adri'atiko]
Arabische Zee (de)	mar (m) Arabico	[mar a'rabiko]
Japanse Zee (de)	mar (m) del Giappone	[mar del dʒap'pone]
Beringzee (de)	mare (m) di Bering	['mare di 'bering]

Zuid-Chinese Zee (de)	mar (m) Cinese meridionale	[mar tʃi'neze meridio'nale]
Koraalzee (de)	mar (m) dei Coralli	[mar 'dei ko'ralli]
Tasmanzee (de)	mar (m) di Tasmania	[mar di taz'mania]
Caribische Zee (de)	mar (m) dei Caraibi	[mar dei kara'ibi]
Barentszzee (de)	mare (m) di Barents	['mare di 'barents]
Karische Zee (de)	mare (m) di Kara	['mare di 'kara]
Noordzee (de)	mare (m) del Nord	['mare del nord]
Baltische Zee (de)	mar (m) Baltico	[mar 'baltiko]
Noorse Zee (de)	mare (m) di Norvegia	['mare di nor'vedʒa]

127. Bergen

berg (de)	monte (m), montagna (f)	['monte], [mon'taɲa]
bergketen (de)	catena (f) montuosa	[ka'tena montu'oza]
gebergte (het)	crinale (m)	[kri'nale]

bergtop (de)	cima (f)	['tʃima]
bergpiek (de)	picco (m)	['pikko]
voet (ov. de berg)	piedi (m pl)	['pjede]
helling (de)	pendio (m)	[pen'dio]

vulkaan (de)	vulcano (m)	[vul'kano]
actieve vulkaan (de)	vulcano (m) attivo	[vul'kano at'tivo]
uitgedoofde vulkaan (de)	vulcano (m) inattivo	[vul'kano inat'tivo]

uitbarsting (de)	eruzione (f)	[eru'tsjone]
krater (de)	cratere (m)	[kra'tere]
magma (het)	magma (m)	['magma]
lava (de)	lava (f)	['lava]
gloeiend (~e lava)	fuso	['fuzo]

kloof (canyon)	canyon (m)	['kenjon]
bergkloof (de)	gola (f)	['gola]
spleet (de)	crepaccio (m)	[kre'patʃo]
afgrond (de)	precipizio (m)	[pretʃi'pitsio]

bergpas (de)	passo (m), valico (m)	['passo], ['valiko]
plateau (het)	altopiano (m)	[alto'pjano]
klip (de)	falesia (f)	[fa'lezia]
heuvel (de)	collina (f)	[kol'lina]

gletsjer (de)	ghiacciaio (m)	[gja'tʃajo]
waterval (de)	cascata (f)	[kas'kata]
geiser (de)	geyser (m)	['gejzer]
meer (het)	lago (m)	['lago]

vlakte (de)	pianura (f)	[pja'nura]
landschap (het)	paesaggio (m)	[pae'zadʒo]
echo (de)	eco (f)	['eko]

| alpinist (de) | alpinista (m) | [alpi'nista] |
| bergbeklimmer (de) | scalatore (m) | [skala'tore] |

| trotseren (berg ~) | conquistare (vt) | [konkwi'stare] |
| beklimming (de) | scalata (f) | [ska'lata] |

128. Bergen namen

Alpen (de)	Alpi (f pl)	['alpi]
Mont Blanc (de)	Monte (m) Bianco	['monte 'bjanko]
Pyreneeën (de)	Pirenei (m pl)	[pire'nei]

Karpaten (de)	Carpazi (m pl)	[kar'patsi]
Oeralgebergte (het)	gli Urali (m pl)	[ʎi u'rali]
Kaukasus (de)	Caucaso (m)	['kaukazo]
Elbroes (de)	Monte (m) Elbrus	['monte 'elbrus]

Altaj (de)	Monti (m pl) Altai	['monti al'taj]
Tiensjan (de)	Tien Shan (m)	[tjen 'ʃan]
Pamir (de)	Pamir (m)	[pa'mir]
Himalaya (de)	Himalaia (m)	[ima'laja]
Everest (de)	Everest (m)	['everest]

| Andes (de) | Ande (f pl) | ['ande] |
| Kilimanjaro (de) | Kilimangiaro (m) | [kiliman'dʒaro] |

129. Rivieren

rivier (de)	fiume (m)	['fjume]
bron (~ van een rivier)	fonte (f)	['fonte]
rivierbedding (de)	letto (m)	['letto]
rivierbekken (het)	bacino (m)	[ba'tʃino]
uitmonden in ...	sfociare nel ...	[sfo'tʃare nel]

| zijrivier (de) | affluente (m) | [afflu'ente] |
| oever (de) | riva (f) | ['riva] |

stroming (de)	corrente (f)	[kor'rente]
stroomafwaarts (bw)	a valle	[a 'valle]
stroomopwaarts (bw)	a monte	[a 'monte]

overstroming (de)	inondazione (f)	[inonda'tsjone]
overstroming (de)	piena (f)	['pjena]
buiten zijn oevers treden	straripare (vi)	[strari'pare]
overstromen (ww)	inondare (vt)	[inon'dare]

| zandbank (de) | secca (f) | ['sekka] |
| stroomversnelling (de) | rapida (f) | ['rapida] |

dam (de)	diga (f)	['diga]
kanaal (het)	canale (m)	[ka'nale]
spaarbekken (het)	bacino (m) di riserva	[ba'tʃino di ri'zerva]
sluis (de)	chiusa (f)	['kjuza]
waterlichaam (het)	bacino (m) idrico	[ba'tʃino 'idriko]
moeras (het)	palude (f)	[pa'lude]

broek (het)	pantano (m)	[pan'tano]
draaikolk (de)	vortice (m)	['vortitʃe]
stroom (de)	ruscello (m)	[ru'ʃello]
drink- (abn)	potabile	[po'tabile]
zoet (~ water)	dolce	['doltʃe]
ijs (het)	ghiaccio (m)	['gjatʃo]
bevriezen (rivier, enz.)	ghiacciarsi (vr)	[gja'tʃarsi]

130. Namen van rivieren

Seine (de)	Senna (f)	['senna]
Loire (de)	Loira (f)	['loira]
Theems (de)	Tamigi (m)	[ta'midʒi]
Rijn (de)	Reno (m)	['reno]
Donau (de)	Danubio (m)	[da'nubio]
Wolga (de)	Volga (m)	['volga]
Don (de)	Don (m)	[don]
Lena (de)	Lena (f)	['lena]
Gele Rivier (de)	Fiume (m) Giallo	['fjume 'dʒallo]
Blauwe Rivier (de)	Fiume (m) Azzurro	['fjume ad'dzurro]
Mekong (de)	Mekong (m)	[me'kong]
Ganges (de)	Gange (m)	['gandʒe]
Nijl (de)	Nilo (m)	['nilo]
Kongo (de)	Congo (m)	['kongo]
Okavango (de)	Okavango	[oka'vango]
Zambezi (de)	Zambesi (m)	[dzam'bezi]
Limpopo (de)	Limpopo (m)	['limpopo]
Mississippi (de)	Mississippi (m)	[missis'sippi]

131. Bos

bos (het)	foresta (f)	[fo'resta]
bos- (abn)	forestale	[fores'tale]
oerwoud (dicht bos)	foresta (f) fitta	[fo'resta 'fitta]
bosje (klein bos)	boschetto (m)	[bos'ketto]
open plek (de)	radura (f)	[ra'dura]
struikgewas (het)	roveto (m)	[ro'veto]
struiken (mv.)	boscaglia (f)	[bos'kaʎʎa]
paadje (het)	sentiero (m)	[sen'tjero]
ravijn (het)	calanco (m)	[ka'lanko]
boom (de)	albero (m)	['albero]
blad (het)	foglia (f)	['foʎʎa]

gebladerte (het)	fogliame (m)	[foʎ'ʎame]
vallende bladeren (mv.)	caduta (f) delle foglie	[ka'duta 'delle 'foʎʎe]
vallen (ov. de bladeren)	cadere (vi)	[ka'dere]
boomtop (de)	cima (f)	['tʃima]

tak (de)	ramo (m), ramoscello (m)	['ramo], [ramo'ʃello]
ent (de)	ramo (m)	['ramo]
knop (de)	gemma (f)	['dʒemma]
naald (de)	ago (m)	['ago]
dennenappel (de)	pigna (f)	['piɲa]

boom holte (de)	cavità (f)	[kavi'ta]
nest (het)	nido (m)	['nido]
hol (het)	tana (f)	['tana]

stam (de)	tronco (m)	['tronko]
wortel (bijv. boom~s)	radice (f)	[ra'ditʃe]
schors (de)	corteccia (f)	[kor'tetʃa]
mos (het)	musco (m)	['musko]

ontwortelen (een boom)	sradicare (vt)	[zradi'kare]
kappen (een boom ~)	abbattere (vt)	[ab'battere]
ontbossen (ww)	disboscare (vt)	[dizbo'skare]
stronk (de)	ceppo (m)	['tʃeppo]

kampvuur (het)	falò (m)	[fa'lo]
bosbrand (de)	incendio (m) boschivo	[in'tʃendio bos'kivo]
blussen (ww)	spegnere (vt)	['speɲere]

boswachter (de)	guardia (f) forestale	['gwardia fores'tale]
bescherming (de)	protezione (f)	[prote'tsjone]
beschermen (bijv. de natuur ~)	proteggere (vt)	[pro'tedʒere]
stroper (de)	bracconiere (m)	[brakko'njere]
val (de)	tagliola (f)	[taʎ'ʎoʎa]

| plukken (vruchten, enz.) | raccogliere (vt) | [rak'koʎʎere] |
| verdwalen (de weg kwijt zijn) | perdersi (vr) | ['perdersi] |

132. Natuurlijke hulpbronnen

natuurlijke rijkdommen (mv.)	risorse (f pl) naturali	[ri'sorse natu'rali]
delfstoffen (mv.)	minerali (m pl)	[mine'rali]
lagen (mv.)	deposito (m)	[de'pozito]
veld (bijv. olie~)	giacimento (m)	[dʒatʃi'mento]

winnen (uit erts ~)	estrarre (vt)	[e'strarre]
winning (de)	estrazione (f)	[estra'tsjone]
erts (het)	minerale (m) grezzo	[mine'rale 'greddzo]
mijn (bijv. kolenmijn)	miniera (f)	[mi'njera]
mijnschacht (de)	pozzo (m) di miniera	['pottso di mi'njera]
mijnwerker (de)	minatore (m)	[mina'tore]
gas (het)	gas (m)	[gas]
gasleiding (de)	gasdotto (m)	[gas'dotto]

olie (aardolie)	petrolio (m)	[pe'trolio]
olieleiding (de)	oleodotto (m)	[oleo'dotto]
oliebron (de)	torre (f) di estrazione	['torre di estra'tsjone]
boortoren (de)	torre (f) di trivellazione	['torre di trivella'tsjone]
tanker (de)	petroliera (f)	[petro'ljera]
zand (het)	sabbia (f)	['sabbia]
kalksteen (de)	calcare (m)	[kal'kare]
grind (het)	ghiaia (f)	['gjaja]
veen (het)	torba (f)	['torba]
klei (de)	argilla (f)	[ar'dʒilla]
steenkool (de)	carbone (m)	[kar'bone]
ijzer (het)	ferro (m)	['ferro]
goud (het)	oro (m)	['oro]
zilver (het)	argento (m)	[ar'dʒento]
nikkel (het)	nichel (m)	['nikel]
koper (het)	rame (m)	['rame]
zink (het)	zinco (m)	['dzinko]
mangaan (het)	manganese (m)	[manga'neze]
kwik (het)	mercurio (m)	[mer'kurio]
lood (het)	piombo (m)	['pjombo]
mineraal (het)	minerale (m)	[mine'rale]
kristal (het)	cristallo (m)	[kris'tallo]
marmer (het)	marmo (m)	['marmo]
uraan (het)	uranio (m)	[u'ranio]

De Aarde. Deel 2

133. Weer

weer (het)	tempo (m)	['tempo]
weersvoorspelling (de)	previsione (f) del tempo	[previ'zjone del 'tempo]
temperatuur (de)	temperatura (f)	[tempera'tura]
thermometer (de)	termometro (m)	[ter'mometro]
barometer (de)	barometro (m)	[ba'rometro]
vochtig (bn)	umido	['umido]
vochtigheid (de)	umidità (f)	[umidi'ta]
hitte (de)	caldo (m), afa (f)	['kaldo], ['afa]
heet (bn)	molto caldo	['molto 'kaldo]
het is heet	fa molto caldo	[fa 'molto 'kaldo]
het is warm	fa caldo	[fa 'kaldo]
warm (bn)	caldo	['kaldo]
het is koud	fa freddo	[fa 'freddo]
koud (bn)	freddo	['freddo]
zon (de)	sole (m)	['sole]
schijnen (de zon)	splendere (vi)	['splendere]
zonnig (~e dag)	di sole	[di 'sole]
opgaan (ov. de zon)	levarsi (vr)	[le'varsi]
ondergaan (ww)	tramontare (vi)	[tramon'tare]
wolk (de)	nuvola (f)	['nuvola]
bewolkt (bn)	nuvoloso	[nuvo'lozo]
regenwolk (de)	nube (f) di pioggia	['nube di 'pjodʒa]
somber (bn)	nuvoloso	[nuvo'lozo]
regen (de)	pioggia (f)	['pjodʒa]
het regent	piove	['pjove]
regenachtig (bn)	piovoso	[pjo'vozo]
motregenen (ww)	piovigginare (vi)	[pjovidʒi'nare]
plensbui (de)	pioggia (f) torrenziale	['pjodʒa torren'tsjale]
stortbui (de)	acquazzone (m)	[akwat'tsone]
hard (bn)	forte	['forte]
plas (de)	pozzanghera (f)	[pot'tsangera]
nat worden (ww)	bagnarsi (vr)	[ba'ɲarsi]
mist (de)	foschia (f), nebbia (f)	[fos'kia], ['nebbia]
mistig (bn)	nebbioso	[neb'bjozo]
sneeuw (de)	neve (f)	['neve]
het sneeuwt	nevica	['nevika]

134. Zwaar weer. Natuurrampen

noodweer (storm)	temporale (m)	[tempo'rale]
bliksem (de)	fulmine (f)	['fulmine]
flitsen (ww)	lampeggiare (vi)	[lampe'dʒare]
donder (de)	tuono (m)	[tu'ono]
donderen (ww)	tuonare (vi)	[tuo'nare]
het dondert	tuona	[tu'ona]
hagel (de)	grandine (f)	['grandine]
het hagelt	grandina	['grandina]
overstromen (ww)	inondare (vt)	[inon'dare]
overstroming (de)	inondazione (f)	[inonda'tsjone]
aardbeving (de)	terremoto (m)	[terre'moto]
aardschok (de)	scossa (f)	['skossa]
epicentrum (het)	epicentro (m)	[epi'tʃentro]
uitbarsting (de)	eruzione (f)	[eru'tsjone]
lava (de)	lava (f)	['lava]
wervelwind (de)	tromba (f) d'aria	['tromba 'daria]
windhoos (de)	tornado (m)	[tor'nado]
tyfoon (de)	tifone (m)	[ti'fone]
orkaan (de)	uragano (m)	[ura'gano]
storm (de)	tempesta (f)	[tem'pesta]
tsunami (de)	tsunami (m)	[tsu'nami]
cycloon (de)	ciclone (m)	[tʃi'klone]
onweer (het)	maltempo (m)	[mal'tempo]
brand (de)	incendio (m)	[in'tʃendio]
ramp (de)	disastro (m)	[di'zastro]
meteoriet (de)	meteorite (m)	[meteo'rite]
lawine (de)	valanga (f)	[va'langa]
sneeuwverschuiving (de)	slavina (f)	[zla'vina]
sneeuwjacht (de)	tempesta (f) di neve	[tem'pesta di 'neve]
sneeuwstorm (de)	bufera (f) di neve	['bufera di 'neve]

Fauna

135. Zoogdieren. Roofdieren

roofdier (het)	predatore (m)	[preda'tore]
tijger (de)	tigre (f)	['tigre]
leeuw (de)	leone (m)	[le'one]
wolf (de)	lupo (m)	['lupo]
vos (de)	volpe (m)	['volpe]
jaguar (de)	giaguaro (m)	[dʒa'gwaro]
luipaard (de)	leopardo (m)	[leo'pardo]
jachtluipaard (de)	ghepardo (m)	[ge'pardo]
panter (de)	pantera (f)	[pan'tera]
poema (de)	puma (f)	['puma]
sneeuwluipaard (de)	leopardo (m) delle nevi	[leo'pardo 'delle 'nevi]
lynx (de)	lince (f)	['lintʃe]
coyote (de)	coyote (m)	[ko'jote]
jakhals (de)	sciacallo (m)	[ʃa'kallo]
hyena (de)	iena (f)	['jena]

136. Wilde dieren

dier (het)	animale (m)	[ani'male]
beest (het)	bestia (f)	['bestia]
eekhoorn (de)	scoiattolo (m)	[sko'jattolo]
egel (de)	riccio (m)	['ritʃo]
haas (de)	lepre (f)	['lepre]
konijn (het)	coniglio (m)	[ko'niʎʎo]
das (de)	tasso (m)	['tasso]
wasbeer (de)	procione (f)	[pro'tʃone]
hamster (de)	criceto (m)	[kri'tʃeto]
marmot (de)	marmotta (f)	[mar'motta]
mol (de)	talpa (f)	['talpa]
muis (de)	topo (m)	['topo]
rat (de)	ratto (m)	['ratto]
vleermuis (de)	pipistrello (m)	[pipi'strello]
hermelijn (de)	ermellino (m)	[ermel'lino]
sabeldier (het)	zibellino (m)	[dzibel'lino]
marter (de)	martora (f)	['martora]
wezel (de)	donnola (f)	['donnola]
nerts (de)	visone (m)	[vi'zone]

bever (de)	castoro (m)	[kas'toro]
otter (de)	lontra (f)	['lontra]
paard (het)	cavallo (m)	[ka'vallo]
eland (de)	alce (m)	['altʃe]
hert (het)	cervo (m)	['tʃervo]
kameel (de)	cammello (m)	[kam'mello]
bizon (de)	bisonte (m) americano	[bi'zonte ameri'kano]
wisent (de)	bisonte (m) europeo	[bi'zonte euro'peo]
buffel (de)	bufalo (m)	['bufalo]
zebra (de)	zebra (f)	['dzebra]
antilope (de)	antilope (f)	[an'tilope]
ree (de)	capriolo (m)	[kapri'olo]
damhert (het)	daino (m)	['daino]
gems (de)	camoscio (m)	[ka'moʃo]
everzwijn (het)	cinghiale (m)	[tʃin'gjale]
walvis (de)	balena (f)	[ba'lena]
rob (de)	foca (f)	['foka]
walrus (de)	tricheco (m)	[tri'keko]
zeebeer (de)	otaria (f)	[o'taria]
dolfijn (de)	delfino (m)	[del'fino]
beer (de)	orso (m)	['orso]
ijsbeer (de)	orso (m) bianco	['orso 'bjanko]
panda (de)	panda (m)	['panda]
aap (de)	scimmia (f)	['ʃimmia]
chimpansee (de)	scimpanzè (m)	[ʃimpan'dze]
orang-oetan (de)	orango (m)	[o'rango]
gorilla (de)	gorilla (m)	[go'rilla]
makaak (de)	macaco (m)	[ma'kako]
gibbon (de)	gibbone (m)	[dʒib'bone]
olifant (de)	elefante (m)	[ele'fante]
neushoorn (de)	rinoceronte (m)	[rinotʃe'ronte]
giraffe (de)	giraffa (f)	[dʒi'raffa]
nijlpaard (het)	ippopotamo (m)	[ippo'potamo]
kangoeroe (de)	canguro (m)	[kan'guro]
koala (de)	koala (m)	[ko'ala]
mangoest (de)	mangusta (f)	[man'gusta]
chinchilla (de)	cincillà (f)	[tʃintʃil'la]
stinkdier (het)	moffetta (f)	[mof'fetta]
stekelvarken (het)	istrice (m)	['istritʃe]

137. Huisdieren

poes (de)	gatta (f)	['gatta]
kater (de)	gatto (m)	['gatto]
hond (de)	cane (m)	['kane]

paard (het)	cavallo (m)	[ka'vallo]
hengst (de)	stallone (m)	[stal'lone]
merrie (de)	giumenta (f)	[dʒu'menta]
koe (de)	mucca (f)	['mukka]
bul, stier (de)	toro (m)	['toro]
os (de)	bue (m)	['bue]
schaap (het)	pecora (f)	['pekora]
ram (de)	montone (m)	[mon'tone]
geit (de)	capra (f)	['kapra]
bok (de)	caprone (m)	[kap'rone]
ezel (de)	asino (m)	['azino]
muilezel (de)	mulo (m)	['mulo]
varken (het)	porco (m)	['porko]
biggetje (het)	porcellino (m)	[portʃel'lino]
konijn (het)	coniglio (m)	[ko'niʎʎo]
kip (de)	gallina (f)	[gal'lina]
haan (de)	gallo (m)	['gallo]
eend (de)	anatra (f)	['anatra]
woerd (de)	maschio (m) dell'anatra	['maskio dell 'anatra]
gans (de)	oca (f)	['oka]
kalkoen haan (de)	tacchino (m)	[tak'kino]
kalkoen (de)	tacchina (f)	[tak'kina]
huisdieren (mv.)	animali (m pl) domestici	[ani'mali do'mestitʃi]
tam (bijv. hamster)	addomesticato	[addomesti'kato]
temmen (tam maken)	addomesticare (vt)	[addomesti'kare]
fokken (bijv. paarden ~)	allevare (vt)	[alle'vare]
boerderij (de)	fattoria (f)	[fatto'ria]
gevogelte (het)	pollame (m)	[pol'lame]
rundvee (het)	bestiame (m)	[bes'tjame]
kudde (de)	branco (m), mandria (f)	['branko], ['mandria]
paardenstal (de)	scuderia (f)	[skude'ria]
zwijnenstal (de)	porcile (m)	[por'tʃile]
koeienstal (de)	stalla (f)	['stalla]
konijnenhok (het)	conigliera (f)	[koniʎ'ʎera]
kippenhok (het)	pollaio (m)	[pol'lajo]

138. Vogels

vogel (de)	uccello (m)	[u'tʃello]
duif (de)	colombo (m), piccione (m)	[kolombo], [pi'tʃone]
mus (de)	passero (m)	['passero]
koolmees (de)	cincia (f)	['tʃintʃa]
ekster (de)	gazza (f)	['gattsa]
raaf (de)	corvo (m)	['korvo]

kraai (de)	cornacchia (f)	[kor'nakkia]
kauw (de)	taccola (f)	['takkola]
roek (de)	corvo (m) nero	['korvo 'nero]
eend (de)	anatra (f)	['anatra]
gans (de)	oca (f)	['oka]
fazant (de)	fagiano (m)	[fa'dʒano]
arend (de)	aquila (f)	['akwila]
havik (de)	astore (m)	[a'store]
valk (de)	falco (m)	['falko]
gier (de)	grifone (m)	[gri'fone]
condor (de)	condor (m)	['kondor]
zwaan (de)	cigno (m)	['tʃiɲo]
kraanvogel (de)	gru (f)	[gru]
ooievaar (de)	cicogna (f)	[tʃi'koɲa]
papegaai (de)	pappagallo (m)	[pappa'gallo]
kolibrie (de)	colibrì (m)	[koli'bri]
pauw (de)	pavone (m)	[pa'vone]
struisvogel (de)	struzzo (m)	['struttso]
reiger (de)	airone (m)	[ai'rone]
flamingo (de)	fenicottero (m)	[feni'kottero]
pelikaan (de)	pellicano (m)	[pelli'kano]
nachtegaal (de)	usignolo (m)	[uzi'ɲolo]
zwaluw (de)	rondine (f)	['rondine]
lijster (de)	tordo (m)	['tordo]
zanglijster (de)	tordo (m) sasello	['tordo sa'zello]
merel (de)	merlo (m)	['merlo]
gierzwaluw (de)	rondone (m)	[ron'done]
leeuwerik (de)	allodola (f)	[al'lodola]
kwartel (de)	quaglia (f)	['kwaʎʎa]
specht (de)	picchio (m)	['pikkio]
koekoek (de)	cuculo (m)	['kukulo]
uil (de)	civetta (f)	[tʃi'vetta]
oehoe (de)	gufo (m) reale	['gufo re'ale]
auerhoen (het)	urogallo (m)	[uro'gallo]
korhoen (het)	fagiano (m) di monte	[fa'dʒano di 'monte]
patrijs (de)	pernice (f)	[per'nitʃe]
spreeuw (de)	storno (m)	['storno]
kanarie (de)	canarino (m)	[kana'rino]
hazelhoen (het)	francolino (m) di monte	[franko'lino di 'monte]
vink (de)	fringuello (m)	[frin'gwello]
goudvink (de)	ciuffolotto (m)	[tʃuffo'lotto]
meeuw (de)	gabbiano (m)	[gab'bjano]
albatros (de)	albatro (m)	['albatro]
pinguïn (de)	pinguino (m)	[pin'gwino]

139. Vis. Zeedieren

brasem (de)	abramide (f)	[a'bramide]
karper (de)	carpa (f)	['karpa]
baars (de)	perca (f)	['perka]
meerval (de)	pesce (m) gatto	['peʃe 'gatto]
snoek (de)	luccio (m)	['lutʃo]

zalm (de)	salmone (m)	[sal'mone]
steur (de)	storione (m)	[sto'rjone]

haring (de)	aringa (f)	[a'ringa]
atlantische zalm (de)	salmone (m)	[sal'mone]
makreel (de)	scombro (m)	['skombro]
platvis (de)	sogliola (f)	['soʎʎoʎa]

snoekbaars (de)	lucioperca (f)	[lutʃo'perka]
kabeljauw (de)	merluzzo (m)	[mer'luttso]
tonijn (de)	tonno (m)	['tonno]
forel (de)	trota (f)	['trota]

paling (de)	anguilla (f)	[an'gwilla]
sidderrog (de)	torpedine (f)	[tor'pedine]
murene (de)	murena (f)	[mu'rena]
piranha (de)	piranha, piragna (f)	[pi'rania]

haai (de)	squalo (m)	['skwalo]
dolfijn (de)	delfino (m)	[del'fino]
walvis (de)	balena (f)	[ba'lena]

krab (de)	granchio (m)	['graŋkio]
kwal (de)	medusa (f)	[me'duza]
octopus (de)	polpo (m)	['polpo]

zeester (de)	stella (f) marina	['stella ma'rina]
zee-egel (de)	riccio (m) di mare	['ritʃo di 'mare]
zeepaardje (het)	cavalluccio (m) marino	[kaval'lutʃo ma'rino]

oester (de)	ostrica (f)	['ostrika]
garnaal (de)	gamberetto (m)	[gambe'retto]
kreeft (de)	astice (m)	['astitʃe]
langoest (de)	aragosta (f)	[ara'gosta]

140. Amfibieën. Reptielen

slang (de)	serpente (m)	[ser'pente]
giftig (slang)	velenoso	[vele'nozo]

adder (de)	vipera (f)	['vipera]
cobra (de)	cobra (m)	['kobra]
python (de)	pitone (m)	[pi'tone]
boa (de)	boa (m)	['boa]
ringslang (de)	biscia (f)	['biʃa]

ratelslang (de)	serpente (m) a sonagli	[ser'pente a so'naʎʎi]
anaconda (de)	anaconda (f)	[ana'konda]

hagedis (de)	lucertola (f)	[luˈtʃertola]
leguaan (de)	iguana (f)	[iˈgwana]
varaan (de)	varano (m)	[vaˈrano]
salamander (de)	salamandra (f)	[salaˈmandra]
kameleon (de)	camaleonte (m)	[kamaleˈonte]
schorpioen (de)	scorpione (m)	[skorˈpjone]

schildpad (de)	tartaruga (f)	[tartaˈruga]
kikker (de)	rana (f)	[ˈrana]
pad (de)	rospo (m)	[ˈrospo]
krokodil (de)	coccodrillo (m)	[kokkoˈdrillo]

141. Insecten

insect (het)	insetto (m)	[inˈsetto]
vlinder (de)	farfalla (f)	[farˈfalla]
mier (de)	formica (f)	[forˈmika]
vlieg (de)	mosca (f)	[ˈmoska]
mug (de)	zanzara (f)	[dzanˈdzara]
kever (de)	scarabeo (m)	[skaraˈbeo]

wesp (de)	vespa (f)	[ˈvespa]
bij (de)	ape (f)	[ˈape]
hommel (de)	bombo (m)	[ˈbombo]
horzel (de)	tafano (m)	[taˈfano]

spin (de)	ragno (m)	[ˈraɲo]
spinnenweb (het)	ragnatela (f)	[raɲaˈtela]

libel (de)	libellula (f)	[liˈbellula]
sprinkhaan (de)	cavalletta (f)	[kavalˈletta]
nachtvlinder (de)	farfalla (f) notturna	[farˈfalla notˈturna]

kakkerlak (de)	scarafaggio (m)	[skaraˈfadʒo]
teek (de)	zecca (f)	[ˈtsekka]
vlo (de)	pulce (f)	[ˈpultʃe]
kriebelmug (de)	moscerino (m)	[moʃeˈrino]

treksprinkhaan (de)	locusta (f)	[loˈkusta]
slak (de)	lumaca (f)	[luˈmaka]
krekel (de)	grillo (m)	[ˈgrillo]
glimworm (de)	lucciola (f)	[ˈlutʃola]
lieveheersbeestje (het)	coccinella (f)	[kotʃiˈnella]
meikever (de)	maggiolino (m)	[madʒoˈlino]

bloedzuiger (de)	sanguisuga (f)	[sangwiˈzuga]
rups (de)	bruco (m)	[ˈbruko]
aardworm (de)	verme (m)	[ˈverme]
larve (de)	larva (f)	[ˈlarva]

Flora

142. Bomen

boom (de)	albero (m)	['albero]
loof- (abn)	deciduo	[de'tʃiduo]
dennen- (abn)	conifero	[ko'nifero]
groenblijvend (bn)	sempreverde	[sempre'verde]
appelboom (de)	melo (m)	['melo]
perenboom (de)	pero (m)	['pero]
zoete kers (de)	ciliegio (m)	[tʃi'ljedʒo]
zure kers (de)	amareno (m)	[ama'reno]
pruimelaar (de)	prugno (m)	['pruɲo]
berk (de)	betulla (f)	[be'tulla]
eik (de)	quercia (f)	['kwertʃa]
linde (de)	tiglio (m)	['tiʎʎo]
esp (de)	pioppo (m) tremolo	['pjoppo 'tremolo]
esdoorn (de)	acero (m)	['atʃero]
spar (de)	abete (m)	[a'bete]
den (de)	pino (m)	['pino]
lariks (de)	larice (m)	['laritʃe]
zilverspar (de)	abete (m) bianco	[a'bete 'bjanko]
ceder (de)	cedro (m)	['tʃedro]
populier (de)	pioppo (m)	['pjoppo]
lijsterbes (de)	sorbo (m)	['sorbo]
wilg (de)	salice (m)	['salitʃe]
els (de)	alno (m)	['alno]
beuk (de)	faggio (m)	['fadʒo]
iep (de)	olmo (m)	['olmo]
es (de)	frassino (m)	['frassino]
kastanje (de)	castagno (m)	[ka'staɲo]
magnolia (de)	magnolia (f)	[ma'ɲolia]
palm (de)	palma (f)	['palma]
cipres (de)	cipresso (m)	[tʃi'presso]
mangrove (de)	mangrovia (f)	[man'growia]
baobab (apenbroodboom)	baobab (m)	[bao'bab]
eucalyptus (de)	eucalipto (m)	[ewka'lipto]
mammoetboom (de)	sequoia (f)	[se'kwoja]

143. Heesters

struik (de)	cespuglio (m)	[tʃes'puʎʎo]
heester (de)	arbusto (m)	[ar'busto]

wijnstok (de)	vite (f)	['vite]
wijngaard (de)	vigneto (m)	[vi'ɲeto]
frambozenstruik (de)	lampone (m)	[lam'pone]
rode bessenstruik (de)	ribes (m) rosso	['ribes 'rosso]
kruisbessenstruik (de)	uva (f) spina	['uva 'spina]
acacia (de)	acacia (f)	[a'katʃa]
zuurbes (de)	crespino (m)	[kres'pino]
jasmijn (de)	gelsomino (m)	[dʒelso'mino]
jeneverbes (de)	ginepro (m)	[dʒi'nepro]
rozenstruik (de)	roseto (m)	[ro'zeto]
hondsroos (de)	rosa (f) canina	['roza ka'nina]

144. Vruchten. Bessen

vrucht (de)	frutto (m)	['frutto]
vruchten (mv.)	frutti (m pl)	['frutti]
appel (de)	mela (f)	['mela]
peer (de)	pera (f)	['pera]
pruim (de)	prugna (f)	['pruɲa]
aardbei (de)	fragola (f)	['fragola]
zure kers (de)	amarena (f)	[ama'rena]
zoete kers (de)	ciliegia (f)	[tʃi'ljedʒa]
druif (de)	uva (f)	['uva]
framboos (de)	lampone (m)	[lam'pone]
zwarte bes (de)	ribes (m) nero	['ribes 'nero]
rode bes (de)	ribes (m) rosso	['ribes 'rosso]
kruisbes (de)	uva (f) spina	['uva 'spina]
veenbes (de)	mirtillo (m) di palude	[mir'tillo di pa'lude]
sinaasappel (de)	arancia (f)	[a'rantʃa]
mandarijn (de)	mandarino (m)	[manda'rino]
ananas (de)	ananas (m)	[ana'nas]
banaan (de)	banana (f)	[ba'nana]
dadel (de)	dattero (m)	['dattero]
citroen (de)	limone (m)	[li'mone]
abrikoos (de)	albicocca (f)	[albi'kokka]
perzik (de)	pesca (f)	['peska]
kiwi (de)	kiwi (m)	['kiwi]
grapefruit (de)	pompelmo (m)	[pom'pelmo]
bes (de)	bacca (f)	['bakka]
bessen (mv.)	bacche (f pl)	['bakke]
vossenbes (de)	mirtillo (m) rosso	[mir'tillo 'rosso]
bosaardbei (de)	fragola (f) di bosco	['fragola di 'bosko]
blauwe bosbes (de)	mirtillo (m)	[mir'tillo]

145. Bloemen. Planten

bloem (de)	fiore (m)	['fjore]
boeket (het)	mazzo (m) di fiori	['mattso di 'fjori]

roos (de)	rosa (f)	['roza]
tulp (de)	tulipano (m)	[tuli'pano]
anjer (de)	garofano (m)	[ga'rofano]
gladiool (de)	gladiolo (m)	[gla'djolo]

korenbloem (de)	fiordaliso (m)	[fjorda'lizo]
klokje (het)	campanella (f)	[kampa'nella]
paardenbloem (de)	soffione (m)	[sof'fjone]
kamille (de)	camomilla (f)	[kamo'milla]

aloë (de)	aloe (m)	['aloe]
cactus (de)	cactus (m)	['kaktus]
ficus (de)	ficus (m)	['fikus]

lelie (de)	giglio (m)	['dʒiʎʎo]
geranium (de)	geranio (m)	[dʒe'ranio]
hyacint (de)	giacinto (m)	[dʒa'tʃinto]

mimosa (de)	mimosa (f)	[mi'moza]
narcis (de)	narciso (m)	[nar'tʃizo]
Oost-Indische kers (de)	nasturzio (m)	[na'sturtsio]

orchidee (de)	orchidea (f)	[orki'dea]
pioenroos (de)	peonia (f)	[pe'onia]
viooltje (het)	viola (f)	[vi'ola]

driekleurig viooltje (het)	viola (f) del pensiero	[vi'ola del pen'sjero]
vergeet-mij-nietje (het)	nontiscordardimè (m)	[non·ti·skordar·di'me]
madeliefje (het)	margherita (f)	[marge'rita]

papaver (de)	papavero (m)	[pa'pavero]
hennep (de)	canapa (f)	['kanapa]
munt (de)	menta (f)	['menta]

lelietje-van-dalen (het)	mughetto (m)	[mu'getto]
sneeuwklokje (het)	bucaneve (m)	[buka'neve]

brandnetel (de)	ortica (f)	[or'tika]
veldzuring (de)	acetosa (f)	[atʃe'toza]
waterlelie (de)	ninfea (f)	[nin'fea]
varen (de)	felce (f)	['feltʃe]
korstmos (het)	lichene (m)	[li'kene]

oranjerie (de)	serra (f)	['serra]
gazon (het)	prato (m) erboso	['prato er'bozo]
bloemperk (het)	aiuola (f)	[aju'ola]

plant (de)	pianta (f)	['pjanta]
gras (het)	erba (f)	['erba]
grasspriet (de)	filo (m) d'erba	['filo 'derba]

blad (het)	foglia (f)	[ˈfoʎʎa]
bloemblad (het)	petalo (m)	[ˈpetalo]
stengel (de)	stelo (m)	[ˈstelo]
knol (de)	tubero (m)	[ˈtubero]
scheut (de)	germoglio (m)	[dʒerˈmoʎʎo]
doorn (de)	spina (f)	[ˈspina]
bloeien (ww)	fiorire (vi)	[fjoˈrire]
verwelken (ww)	appassire (vi)	[appasˈsire]
geur (de)	odore (m), profumo (m)	[oˈdore], [proˈfumo]
snijden (bijv. bloemen ~)	tagliare (vt)	[taʎˈʎare]
plukken (bloemen ~)	cogliere (vt)	[ˈkoʎʎere]

146. Granen, graankorrels

graan (het)	grano (m)	[ˈgrano]
graangewassen (mv.)	cereali (m pl)	[tʃereˈali]
aar (de)	spiga (f)	[ˈspiga]
tarwe (de)	frumento (m)	[fruˈmento]
rogge (de)	segale (f)	[ˈsegale]
haver (de)	avena (f)	[aˈvena]
gierst (de)	miglio (m)	[ˈmiʎʎo]
gerst (de)	orzo (m)	[ˈortso]
maïs (de)	mais (m)	[ˈmais]
rijst (de)	riso (m)	[ˈrizo]
boekweit (de)	grano (m) saraceno	[ˈgrano saraˈtʃeno]
erwt (de)	pisello (m)	[piˈzello]
nierboon (de)	fagiolo (m)	[faˈdʒolo]
soja (de)	soia (f)	[ˈsoja]
linze (de)	lenticchie (f pl)	[lenˈtikkje]
bonen (mv.)	fave (f pl)	[ˈfave]

LANDEN. NATIONALITEITEN

147. West-Europa

Europa (het)	Europa (f)	[eu'ropa]
Europese Unie (de)	Unione (f) Europea	[uni'one euro'pea]
Oostenrijk (het)	Austria (f)	['austria]
Groot-Brittannië (het)	Gran Bretagna (f)	[gran bre'taɲa]
Engeland (het)	Inghilterra (f)	[ingil'terra]
België (het)	Belgio (m)	['beldʒo]
Duitsland (het)	Germania (f)	[dʒer'mania]
Nederland (het)	Paesi Bassi (m pl)	[pa'ezi 'bassi]
Holland (het)	Olanda (f)	[o'landa]
Griekenland (het)	Grecia (f)	['gretʃa]
Denemarken (het)	Danimarca (f)	[dani'marka]
Ierland (het)	Irlanda (f)	[ir'landa]
IJsland (het)	Islanda (f)	[iz'landa]
Spanje (het)	Spagna (f)	['spaɲa]
Italië (het)	Italia (f)	[i'talia]
Cyprus (het)	Cipro (m)	['tʃipro]
Malta (het)	Malta (f)	['malta]
Noorwegen (het)	Norvegia (f)	[nor'vedʒa]
Portugal (het)	Portogallo (f)	[porto'gallo]
Finland (het)	Finlandia (f)	[fin'landia]
Frankrijk (het)	Francia (f)	['frantʃa]
Zweden (het)	Svezia (f)	['zvetsia]
Zwitserland (het)	Svizzera (f)	['zvittsera]
Schotland (het)	Scozia (f)	['skotsia]
Vaticaanstad (de)	Vaticano (m)	[vati'kano]
Liechtenstein (het)	Liechtenstein (m)	['liktenstajn]
Luxemburg (het)	Lussemburgo (m)	[lussem'burgo]
Monaco (het)	Monaco (m)	['monako]

148. Centraal- en Oost-Europa

Albanië (het)	Albania (f)	[alba'nia]
Bulgarije (het)	Bulgaria (f)	[bulga'ria]
Hongarije (het)	Ungheria (f)	[unge'ria]
Letland (het)	Lettonia (f)	[let'tonia]
Litouwen (het)	Lituania (f)	[litu'ania]
Polen (het)	Polonia (f)	[po'lonia]

Roemenië (het)	Romania (f)	[roma'nia]
Servië (het)	Serbia (f)	['serbia]
Slowakije (het)	Slovacchia (f)	[zlo'vakkia]
Kroatië (het)	Croazia (f)	[kro'atsia]
Tsjechië (het)	Repubblica (f) Ceca	[re'pubblika 'ʧeka]
Estland (het)	Estonia (f)	[es'tonia]
Bosnië en Herzegovina (het)	Bosnia-Erzegovina (f)	['boznia-ertse'govina]
Macedonië (het)	Macedonia (f)	[maʧe'donia]
Slovenië (het)	Slovenia (f)	[zlo'venia]
Montenegro (het)	Montenegro (m)	[monte'negro]

149. Voormalige USSR landen

Azerbeidzjan (het)	Azerbaigian (m)	[azerbaj'dʒan]
Armenië (het)	Armenia (f)	[ar'menia]
Wit-Rusland (het)	Bielorussia (f)	[bjelo'russia]
Georgië (het)	Georgia (f)	[dʒe'ordʒa]
Kazakstan (het)	Kazakistan (m)	[ka'zakistan]
Kirgizië (het)	Kirghizistan (m)	[kir'gizistan]
Moldavië (het)	Moldavia (f)	[mol'davia]
Rusland (het)	Russia (f)	['russia]
Oekraïne (het)	Ucraina (f)	[uk'raina]
Tadzjikistan (het)	Tagikistan (m)	[ta'dʒikistan]
Turkmenistan (het)	Turkmenistan (m)	[turk'menistan]
Oezbekistan (het)	Uzbekistan (m)	[uz'bekistan]

150. Azië

Azië (het)	Asia (f)	['azia]
Vietnam (het)	Vietnam (m)	['vjetnam]
India (het)	India (f)	['india]
Israël (het)	Israele (m)	[izra'ele]
China (het)	Cina (f)	['ʧina]
Libanon (het)	Libano (m)	['libano]
Mongolië (het)	Mongolia (f)	[mo'ngolia]
Maleisië (het)	Malesia (f)	[ma'lezia]
Pakistan (het)	Pakistan (m)	['pakistan]
Saoedi-Arabië (het)	Arabia Saudita (f)	[a'rabia sau'dita]
Thailand (het)	Tailandia (f)	[taj'landia]
Taiwan (het)	Taiwan (m)	[taj'van]
Turkije (het)	Turchia (f)	[tur'kia]
Japan (het)	Giappone (m)	[dʒap'pone]
Afghanistan (het)	Afghanistan (m)	[af'ganistan]
Bangladesh (het)	Bangladesh (m)	['bangladeʃ]

Indonesië (het)	**Indonesia** (f)	[indo'nezia]
Jordanië (het)	**Giordania** (f)	[dʒor'dania]
Irak (het)	**Iraq** (m)	['irak]
Iran (het)	**Iran** (m)	['iran]
Cambodja (het)	**Cambogia** (f)	[kam'bodʒa]
Koeweit (het)	**Kuwait** (m)	[ku'vejt]
Laos (het)	**Laos** (m)	['laos]
Myanmar (het)	**Birmania** (f)	[bir'mania]
Nepal (het)	**Nepal** (m)	[ne'pal]
Verenigde Arabische Emiraten	**Emirati** (m pl) **Arabi**	[emi'rati 'arabi]
Syrië (het)	**Siria** (f)	['siria]
Palestijnse autonomie (de)	**Palestina** (f)	[pale'stina]
Zuid-Korea (het)	**Corea** (f) **del Sud**	[ko'rea del sud]
Noord-Korea (het)	**Corea** (f) **del Nord**	[ko'rea del nord]

151. Noord-Amerika

Verenigde Staten van Amerika	**Stati** (m pl) **Uniti d'America**	['stati u'niti da'merika]
Canada (het)	**Canada** (m)	['kanada]
Mexico (het)	**Messico** (m)	['messiko]

152. Midden- en Zuid-Amerika

Argentinië (het)	**Argentina** (f)	[ardʒen'tina]
Brazilië (het)	**Brasile** (m)	[bra'zile]
Colombia (het)	**Colombia** (f)	[ko'lombia]
Cuba (het)	**Cuba** (f)	['kuba]
Chili (het)	**Cile** (m)	['tʃile]
Bolivia (het)	**Bolivia** (f)	[bo'livia]
Venezuela (het)	**Venezuela** (f)	[venetsu'ela]
Paraguay (het)	**Paraguay** (m)	[para'gwaj]
Peru (het)	**Perù** (m)	[pe'ru]
Suriname (het)	**Suriname** (m)	[suri'name]
Uruguay (het)	**Uruguay** (m)	[uru'gwaj]
Ecuador (het)	**Ecuador** (m)	[ekva'dor]
Bahama's (mv.)	**le Bahamas**	[le ba'amas]
Haïti (het)	**Haiti** (m)	[a'iti]
Dominicaanse Republiek (de)	**Repubblica** (f) **Dominicana**	[re'pubblika domini'kana]
Panama (het)	**Panama** (m)	['panama]
Jamaica (het)	**Giamaica** (f)	[dʒa'majka]

153. Afrika

Egypte (het)	Egitto (m)	[e'dʒitto]
Marokko (het)	Marocco (m)	[ma'rokko]
Tunesië (het)	Tunisia (f)	[tuni'zia]
Ghana (het)	Ghana (m)	['gana]
Zanzibar (het)	Zanzibar	['dzandzibar]
Kenia (het)	Kenya (m)	['kenia]
Libië (het)	Libia (f)	['libia]
Madagaskar (het)	Madagascar (m)	[madagas'kar]
Namibië (het)	Namibia (f)	[na'mibia]
Senegal (het)	Senegal (m)	[sene'gal]
Tanzania (het)	Tanzania (f)	[tan'dzania]
Zuid-Afrika (het)	Repubblica (f) Sudafricana	[re'pubblika sudafri'kana]

154. Australië. Oceanië

Australië (het)	Australia (f)	[au'stralia]
Nieuw-Zeeland (het)	Nuova Zelanda (f)	[nu'ova dze'landa]
Tasmanië (het)	Tasmania (f)	[taz'mania]
Frans-Polynesië	Polinesia (f) Francese	[poli'nezia fran'tʃeze]

155. Steden

Amsterdam	Amsterdam	['amsterdam]
Ankara	Ankara	['ankara]
Athene	Atene	[a'tene]
Bagdad	Baghdad	[bag'dad]
Bangkok	Bangkok	[baŋ'kok]
Barcelona	Barcellona	[bartʃel'lona]
Beiroet	Beirut	['bejrut]
Berlijn	Berlino	[ber'lino]
Boedapest	Budapest	['budapest]
Boekarest	Bucarest	['bukarest]
Bombay, Mumbai	Bombay, Mumbai	[bom'bej], [mum'baj]
Bonn	Bonn	[bonn]
Bordeaux	Bordeaux	[bor'do]
Bratislava	Bratislava	[brati'zlava]
Brussel	Bruxelles	[bruk'sel]
Caïro	Il Cairo	[il 'kairo]
Calcutta	Calcutta	[kal'kutta]
Chicago	Chicago	[tʃi'kago]
Dar Es Salaam	Dar es Salaam	[dar es sala'am]
Delhi	Delhi	['deli]
Den Haag	L'Aia	['laja]

Dubai	Dubai	[du'bai]
Dublin	Dublino	[du'blino]
Düsseldorf	Düsseldorf	['dysseldorf]
Florence	Firenze	[fi'rentse]
Frankfort	Francoforte	[franko'forte]
Genève	Ginevra	[dʒi'nevra]
Hamburg	Amburgo	[am'burgo]
Hanoi	Hanoi	[a'noj]
Havana	L'Avana	[la'vana]
Helsinki	Helsinki	['elsinki]
Hiroshima	Hiroshima	[iro'ʃima]
Hongkong	Hong Kong	[on'kong]
Istanbul	Istanbul	['istanbul]
Jeruzalem	Gerusalemme	[dʒeruza'lemme]
Kiev	Kiev	['kiev]
Kopenhagen	Copenaghen	[kope'nagen]
Kuala Lumpur	Kuala Lumpur	[ku'ala 'lumpur]
Lissabon	Lisbona	[liz'bona]
Londen	Londra	['londra]
Los Angeles	Los Angeles	[los 'endʒeles]
Lyon	Lione	[li'one]
Madrid	Madrid	[ma'drid]
Marseille	Marsiglia	[mar'siʎʎa]
Mexico-Stad	Città del Messico	[tʃit'ta del 'messiko]
Miami	Miami	[ma'jami]
Montreal	Montreal	[monre'al]
Moskou	Mosca	['moska]
München	Monaco di Baviera	['monako di ba'vjera]
Nairobi	Nairobi	[naj'robi]
Napels	Napoli	['napoli]
New York	New York	[nju 'jork]
Nice	Nizza	['nittsa]
Oslo	Oslo	['ozlo]
Ottawa	Ottawa	[ot'tava]
Parijs	Parigi	[pa'ridʒi]
Peking	Pechino	[pe'kino]
Praag	Praga	['praga]
Rio de Janeiro	Rio de Janeiro	['rio de ʒa'nejro]
Rome	Roma	['roma]
Seoel	Seoul	[se'ul]
Singapore	Singapore	[singa'pore]
Sint-Petersburg	San Pietroburgo	[san pjetro'burgo]
Sjanghai	Shanghai	[ʃan'gaj]
Stockholm	Stoccolma	[stok'kolma]
Sydney	Sidney	[sid'nej]
Taipei	Taipei	[taj'pej]
Tokio	Tokio	['tokio]
Toronto	Toronto	[to'ronto]

Venetië	**Venezia**	[ve'netsia]
Warschau	**Varsavia**	[var'savia]
Washington	**Washington**	['woʃinton]
Wenen	**Vienna**	['vjenna]

www.ingramcontent.com/pod-product-compliance
Lightning Source LLC
Chambersburg PA
CBHW070553050426
42450CB00011B/2840